占領期の性暴力

戦時と平時の連続性から問う

芝田英昭

新日本出版社

はじめに

思い返せば、三三歳で大学教員になり、長らく社会保障政策研究に携わってきた。元々、大学院では、原発が立地したことにより地域社会がどのように変容したのかを地方財政、地域住民の意識調査を通して分析していた。しかし、娘が幼児期に脳腫瘍《しゅよう》に罹患し、その後の長い闘病生活を娘と共に過ごすことで、筆者の研究対象は、原発問題から社会保障、特に医療保障に変わっていった。

娘は、二〇年間に及ぶ悪性腫瘍との闘いの末、末期の「髄芽《ずいが》細胞腫（悪性脳腫瘍）」により、二二歳でこの世を去った。三歳時にこの病に罹患《りかん》し、最初の外科手術では病巣のあった小脳の三分の一（左側）を切除し、その後、放射線療法（当時は全脳照射で、五歳までに三〇〇〇ラド〈現在の単位では三〇グレイ〉）、抗癌剤《こうがんざい》（オンコビン）投与を行った。一九八〇～一九九〇年代は、小児であっても積極的治療を行うのが一般的で、予後のＱＯＬ（生活の質）よりも「病気を根治する」ことに主眼が置かれていた。結局、娘は、その後も幾度となく腫瘍が播種（種を蒔《ま》くように転移を繰り返す）し、その都度、外科手術によって腫瘍を切除し化学療法を実施した。結局、亡くなるまでに脳と脊髄《せきずい》に九度のメスが入れられた。

繰り返される治療によってＱＯＬは低下し、存命中は右半身麻痺《まひ》と知的障害を伴うこととなった。

結局、幼児期から学童期にかけて、いじめや差別にあったが、反面、多くの理解ある友人に囲まれ、総じて幸せな人生を送ったと思う。

一八歳からはＭＲＩ検査においても異常は見られなかったが、二〇〇六年五月、二二歳の誕生日を迎えたころ、激しい頭痛と両下肢の麻痺が彼女を襲った。緊急入院し検査の結果、既に腫瘍が脊髄全体に広がり治療は困難で、余命は長くみて半年と告げられた。その後は、近くの総合病院で疼《とう》痛《つう》コントロールを行うために、常時病室で塩酸モルヒネが投与されることとなった。

二〇〇六年一〇月三一日、二二歳の人生の幕を静かに閉じた彼女は、人間から「遺体」へと変化した。彼女は、未だほの温かいにもかかわらず、私たち遺族には看護師から、「葬儀社リスト一欄」が渡され、連絡を取った葬儀社社員二人が、早々に病室に現れ、彼女を丁寧に清拭しストレッチャーに乗せ、「病院の裏口」から運び出してくれた。彼女は、入院時には「病院の玄関」を潜ったが、患者から遺体に変わった時点で、人間ではなく「もの」として扱われたのであった。しかし、本当にそうだったのだろうか。

筆者の故郷は、家の周りを田圃《たんぼ》が埋め尽くす片田舎で、彼女の葬儀も盛大に行われ、彼女に相応しい墓も新調した。四十九日まで毎夜読経を欠かさず、毎週逮夜《たいや》を催した。また、毎年、追善法要を行っている。

筆者は、「人間は、死しても尊厳を維持している」と感じている。死した人間を、弔い、悼み、永きにわたって祀《まつ》る行為は、人間だけしか行わない。今も、毎日娘の遺影を拝み語りかけている。

葬送・法要は、単なる儀礼ではなく、死した人への語りを通して、その人（死者）の人格を確認する行為ではないだろうか。人格は、死して消滅するのではなく、死者を取り巻く縁故者によって語りを通して維持される。ただし、厳密にいえば遺体そのものではなく、記憶や思い出としての死者の尊厳といえるのかもしれない。

筆者自身、娘を見送った経験から研究手法を大きく変えたいと思った。それまでの研究は、社会保障政策分析・検討・批判という、いわばきわめてプラクティカルで「鮮度」が求められる課題に果敢に取り組んできた。しかし、娘の闘病生活と死は、「生命の尊厳、人格、人権」を根本から考えるきっかけを与えてくれた。研究者生活も最終盤に差し掛かり、社会保障研究者が研究の前提とする「人権尊重・人権保障」の原理的課題に取り組むことは、遅きに失した感はあるが、命のある限りこの課題に取り組んでいくことが筆者の使命だと感じている。

さて、本書は、性暴力における戦時と平時の連続性を、それらの根底にある性的自由権、性的自己決定権、性的人格権に着目し、日本政府が肝入りで設置した占領軍兵士の性的「慰安」を目的とした「特殊慰安施設協会」の設置の経緯や、同施設設置に関わった人々、当時の文人やジャーナリストのエゴ・ドキュメントを通して分析した。このテーマは、一九九六年に初の海外研究でニュージーランドを訪れた際、国立ビクトリア大学の研究者から「第二次大戦後、日本には、占領軍兵士用の性的慰安施設があったが、そのことに関しあなたの意見を聞かせてほしい」と問われた。しかし、筆者は、その存在は知っていたが、詳細は理解できておらず、意見を述べることができなかった。

この問題は、いつか必ず論文にまとめたいと思い、その当時より資料の収集だけは行ってきた。しかし、研究室には関連資料が山積みとなり、分析できないまま四半世紀が過ぎてしまった。このまま先送りしていても一生執筆することはできないと思い、退職を三年後に控えた二〇二〇年春から、膨大な資料と格闘することとなった。

今、三〇〇ページを超える本書のゲラを見ても、筆者としてはその内容・分析に関し十分だとは思わない。しかし、性暴力における戦時と平時の連続性に注目し、その根底にある性的人格権の重要性を指摘したことは、今後のこの分野の研究に一定の貢献ができたものと信じる。

さて、二〇〇〇年から続くコロナ禍、二〇二二年二月からのロシアによるウクライナ軍事侵略など、現代社会は混迷を極めている。もちろん、世界経済も減速し、特に日本は数十年ぶりの円安が進行し、生活は疲弊している。国民は、書籍を読む余裕すら失せているのも手に取るようにわかる。このような状況下で、マイナーな分野の出版を引き受けてくれた新日本出版社社長・角田真己氏には、この場を借りて心より感謝する。

本書を亡き娘「美帆」に捧げる――二〇二二年一〇月三一日　一七回目の命日にて

芝田英昭

目　次

序章　なぜ占領期の性暴力を議論すべきなのか

筆者は、一九九六年に海外研究で初めてニュージーランドを訪れた。そのおり、国立ヴィクトリア大学の社会政策担当教授より、「日本では、第二次世界大戦後、占領軍兵士向けの性的『慰安』施設があったが、その点に関してあなたの意見を聞かせてください」との質問を受け、返答に窮してしまった。この頃やっと、第二次世界大戦中の朝鮮半島、中国、フィリピン、台湾、そしてインドネシアなどの植民地や占領地出身者が従軍「慰安婦」として強制的に日本軍兵士に性奴隷にさせられていた問題がクローズアップされたばかりで、第二次世界大戦後における同様の問題は大きく報道されることはなかった。

結局、筆者はその教授の問いに、「存在は知っているが、詳細に関しては知らず、ましてや論ずることは難しい」と答えるしかなかった。その経験が頭に残り、その後約四半世紀の間に収集した資料と、社会保障分野の研究者として培った生命の尊厳と人権という視点から、あらためて占領軍「慰安」施設の設置経緯と性暴力の実態を詳《つまび》らかにしたいと考え、本書をまとめた。

本書では、当時の日本人や、日本に占領軍として着任していた軍人・軍属、メディアの特派員として赴任していた外国人が、日本人女性や性売買をどのように見ていたのか、エゴ・ドキュメント（日記や回想録）の分析も行う。さらに、戦時と平時の性暴力の連続性に注目し、「性的自由権、性的自己決定権、性的人格権」の視点から「性売買」の課題を非犯罪化の二つのモデル、ニュージーランド・モデル（完全非犯罪化）と北欧モデル（部分非犯罪化）の比較から見えてくる問題点も提起したい。

この序章では、本題に入る前に占領期の理解と性暴力と人権に関する概念を整理したい。

一　「占領期」の理解

日本が敗戦を迎えた日は、一九四五年八月一五日とされている。しかし、同年八月九日二三時五〇分から開催された御前会議では、多くの閣僚が天皇の地位保障のみを条件としポツダム宣言受諾を主張した（一九四五年七月、ベルリン郊外のポツダムにてポツダム会談が行われた）。翌八月一〇日午前三時から行われた閣議において、天皇が和平を望む言葉を直接発したことから、議論は「無条件降伏」へと収斂《しゅうれん》した。

日本政府は、八月一〇日午前八時から海外向け国営放送にて、日本語と英語で三回にわたり「ポツダム宣言を受諾し全日本軍の降伏を決定」したことを放送した。しかし、一般市民や日本軍兵士には、この事実が知らされることはなかった。八月一五日（日）正午に、昭和天皇による「玉音放送」がなされたことで、全ての国民が「ポツダム宣言受諾」を知り、実態的に日本が太平洋戦争に敗れたことが広く認知された。

国際法上、日本の終戦は、「ポツダム宣言に定めた降伏文書に調印した日」、つまり一九四五年九月二日である。この九月二日から連合国軍の占領が始まり、一九五二年四月二八日にサンフランシスコ平和条約発効により日本の独立を回復するまで「占領期」は続いた。したがって、国際法上は、連合国軍による「占領」は、一九四五年九月二日から一九五二年四月二八日までとなるが、実質的な敗戦が一九四五年八月一五日であることを勘案し、本書においては一九四五年八月一五日から一九五二年四月二八日までの期間を「占領期」として、その間の性暴力に関して、特に「特殊慰安施設協会」（ＲＡＡ）の設立の経緯とその実態から分析することとした。

当然、占領期を扱うことで、その七年間の事象を扱うこととなるが、本書は戦時と平時における性暴力の基底にある共通性、つまり「女性を性売買・性暴力の対象として蹂躙《じゅうりん》している」、「男性によるジェンダー秩序を維持する」問題を探ることで現代社会における性的自己決定権・性的人格権と性労働の関係性にも一定の問題提起を行いたい。

二　性暴力と人権の関係性

（1）　性暴力の前提としての性的自由権・性的自己決定権の意義と限界

性暴力は、一般的には、性犯罪、性的暴行、性的搾取、性虐待、セクシュアル・ハラスメントを指すが、その内容は、社会的・文化的成熟度、ジェンダー平等の発展度合によって変容する概念である。現時点では、性暴力行為の中身は、「強制性交・準強制性交、強制わいせつ、のぞき、ストーカー、盗撮、わいせつ物頒布、下着泥棒、買春、児童ポルノ製造、公然わいせつ、人身取引、JKビジネス、AV（アダルト・ビデオ）出演強要、DV、デートDV、いじめ、ポルノを見せる、避妊に協力しない、中絶の強要、戦時性暴力」等といえる。

性暴力の中でも犯罪行為とされるのが「性犯罪」であり、様々な法律に規定されているが、以下に見るように、「性暴力」に関しては必ずしも法に明記されているわけではない。

性犯罪は、刑法では、一七四条「公然わいせつ罪」、一七五条「わいせつ物頒布罪」、一七六条「強制わいせつ罪」、一七七条「強制性交等罪」、一七八条「準強制性交等罪」として規定されている。

刑法の性犯罪に関する一七七条と一七八条は、二〇一七年に一一〇年ぶりに改正された。被害者の告訴がなくても加害者を起訴することができることとなった。また、「強姦罪《ごうかんざい》」、「準強姦罪」から「強制性交等罪」、「準強制性交等罪」への構成要件拡大により男性も被害者とされることとなった。しかし、一七七条では、性犯罪となるためには「暴行又は脅迫」、一七八条では「心神喪失若しくは抗拒不能」との要件があり、性暴力のうちほんの僅かしか性犯罪として裁かれないということである。

また、「児童買春、児童ポルノに係る行為等の規制及び処罰並びに児童の保護等に関する法律」（一九九九年施行、「児童買春、児童ポルノに係る行為等の処罰及び児童の保護等に関する法律」が二〇一四年に改正・改称）は、同法三条の二において「何人も、児童買春をし、又はみだりに児童ポルノを所持し、若しくは第二条第三項各号のいずれかに掲げる児童の姿態を視覚により認識することができる方法により描写した情報を記録した電磁的記録を保管することその他児童に対する性的搾取又は性的虐待に係る行為をしてはならない」としている。本法律は、児童買春、児童ポルノを規制する法律であることから、対象を児童（子ども）に限定している。

発達途上にある児童が、自ら児童ポルノと認識できない場合が多いなか、法により児童ポルノ概念を明確化したことには意義がある。しかし、欧米では規制の対象となっている創作物としてのポルノ漫画等の準児童ポルノに関しては、日本ではまだ検討が進んでいない状況があり、今後さらに議論すべきである。

「配偶者からの暴力の防止及び被害者の保護等に関する法律」（二〇〇一年法律第三十一号）において、一条では「配偶者からの暴力」とは、「配偶者からの身体に対する暴力（中略）又はこれに準ずる心身に有害な影響を及ぼす言動」としている。

同法においては、「配偶者からの暴力」の中に「性暴力」が含まれていると考えられるが、具体的には記載がない。したがって、刑法一七七条の強制性交等罪の「暴行又は脅迫を用いて」性交をしたという暴行・脅迫要件を立証し性犯罪とすることになるが、夫婦間における「性暴力」を立証するのは難しいのが現状である。

ポルノグラフィーやＡＶについては、「性をめぐる個人の尊厳が重んぜられる社会の形成に資するために性行為映像制作物への出演に係る被害の防止を図り及び出演者の救済に資するための出演契約等に関する特則等に関する法律」（ＡＶ出演被害防止・救済法）が成立し、二〇二二年六月二三日に公布、翌二三日に施行された。

同法二条で「性行為」は「性交若しくは性交類似行為又は他人が人の露出された性器等（中略）を触る行為若しくは人が自己若しくは他人の露出された性器等を触る行為をいう」としている。また同条で「性行為映像制作物」とは、「性行為に係る人の姿態を撮影した映像並びにこれに関連する映像及び音声によって構成され、社会通念上一体の内容を有するものとして制作された電磁的記録（中略）又はこれに係る記録媒体であって、その全体として専ら性欲を興奮させ又は刺激するもの」として定義されている。

この法のはらむ問題は、性暴力に関し、人権という視点から考える必要性を示す典型だと思われる。同法において、性行為に「性交」を規定していることから、法律が、「商業的な性行為を容認する」こととなり、対価を得て性交させることを合法化していると理解できる。演技において、「性交」を法的に容認したことは、演技者に対して金銭による性支配を行っていることになり、性的人格権（後述）を守ることはできないと考えられる。

従来からも、ポルノグラフィーやＡＶでは、演技者が金銭を授受して「演技」として性行為を行う／行わされているが、それは「表現の自由」として、ほぼ規制されることなく行われてきた。しかし、ＡＶ出演における性暴力が潜在化している中で社会問題が存在することを訴える運動が起こってきた。そのきっかけは、二〇〇七年に、ＡＶ監督バクシーシ山下が著した『ひとはみな、ハダカになる。』〔山下２００７〕という書物だった。山下は、一九八〇年代後半から、女性を侮辱・陵《りょう》辱《じょく》し、性暴力のかぎりを尽くす「嗜虐的《しぎゃくてき》性願望」ＡＶを監督し、この分野の「開拓者」とされている。同書は若者向けの嗜虐的性願望分野アダルト映像の解説書であるが、女性に陵辱の限りを尽くす性暴力を「表現の自由」を盾に映像や出版物に無制限に晒《さら》すことの問題が提起された◆1〔宮本２０２２、四〜一二ページ〕。

またアメリカでは、市民活動家のタラナ・バークが、家庭内性虐待を受けている少女から相談されたことをきっかけに、若年黒人女性を支援するＮＰＯ法人〝Just Be Inc.〟を立ち上げ、二〇〇七年には性暴力被害者支援の草の根運動のスローガンとしてMe Too（「私も」）が使用されるようになった。欧米では、性被害を告発する運動として、#Me Tooが広く使用されている。#Me Tooは、二〇一七年以降、多数のハリウッドスターの賛同を得て世界的な運動となり、日本においても映画俳優やＡＶに関わった出演者が性被害の告発をするようになった。同運動では、映像制作に関わる者が、「表現の自由」を拡大解釈し、出演者に対して無制限に性的表現を強いることの問題を提起した。

しかし、世界的にも「性犯罪」を規定する法律は存在するが、広く「性暴力」を規定する法は存在しない。したがって、「性暴力」を告発する運動は、ややもすれば、性道徳・性倫理・性規範を押し付け、表現の自由や性的自己決定権を侵害するのではないのかとの批判に晒《さら》されることもある。

性暴力概念は、多分にその社会における文化的成熟度との関係性で変容すると考えられることから、固定的なものではないが、現時点では、国連経済社会局女性の地位向上部が定めた「身体の統合性と性的自己決定を侵害するもの」（国連経済社会局女性の地位向上部２０１１、三七ページ）との概念が世界的に共有されている。ただし、国際法ではないことから、その概念の使用に関して強制力は乏しい。

「身体の統合性」とは、私の身体は私のもの、私の心は私のものという感覚を指す概念であり、「性的自己決定権」とは、自己の身体、生殖、セクシュアリティやジェンダーに関して――いつ誰と性的関係を持つか持たないかも含めて――その人自身が決めることとされ、「本人が望まなかった性的な出来事は、全て性暴力」（国連経済社会局女性の地位向上部２０１１、三七ページ）としている。したがって、国連の性暴力概念は「性的自由権・性的自己決定権」を唱えたものと理解できる。

内閣府が二〇二二年一月七～一七日に、オンラインアンケートを、また同年一～二月にかけてワンストップ支援センター五カ所、支援団体等五カ所の計一〇カ所においてオンラインヒヤリングを行った。表 序―1はその際用いられた「性暴力被害の分類と例示」であるが、国連の定める「本人が望まなかった性的な出来事は、全て性暴力」との前提で性暴力被害を分類したものである。

今日の性暴力を理解する上で重要な権利である「性的自由権・性的自己決定権」は、世界共通の権利として認知されつつある。中里見博によれば、性的自由権の核心は「性に関する他者からの強制や妨害の排除、すなわち自己決定の自由にある」〔中里見2007、二〇八ページ〕。「しばしば『性的自己決定権』といいかえられてきた」〔同前二〇八ページ〕。性的自己決定権とは、「いつ、だれと、どのような性行為（あるいは生殖行為）を行うのかの決定権は、本人のみに帰属する」〔同前二〇八ページ〕とされる。

一九八〇年代以降の世界的な性暴力の告発の中で、特に第二次大戦下の日本軍により旧植民地・占領地出身女性が強制連行され従軍「慰安婦」にされた人々の声は、日本においても戦時下の性暴力を真剣に考えるきっかけとなった。これらの告発の前提となったのは、性的自己決定権を奪ったことにあったことはいうまでもない。

確かに、従軍「慰安婦」問題では「軍や警察による強制連行」があり、まさに「慰安婦」にされた女性の性的自己決定権を侵害したことは明白であり、彼女たちの尊厳を蹂躙《じゅうりん》したことから、日

表 序―1　性暴力被害の分類と例示

分類	例示
言葉による性暴力	言葉で性的な嫌がらせを受けた、体の特徴についてからかわれた、いやらしいことを言われた　等
視覚による性暴力	相手の裸や性器を見せられた　等
身体接触を伴う性暴力	体を触られた、抱きつかれた、キスをされた、相手の体を触らせられた、服を脱がされた・脱がせられた、性器を押し付けられた、体液をかけられた　等
性交を伴う性暴力	相手の身体の一部や異物を無理やり膣や口、肛門に挿入された、避妊なしに性交させられた　等
情報ツールを用いた性暴力	インターネット・携帯電話・スマホなどで性的に嫌な経験をした、見たくない画像や動画を見させられた、下着や裸を撮影された、下着姿や裸の写真を送るよう強要された、なりすました相手から性的な嫌がらせを受けた　等

出典：内閣府男女共同参画局『若年層の性暴力被害の実態に関するオンラインアンケート及びヒアリング結果報告書』p2より引用

本国政府による性暴力被害者への謝罪と賠償は当然のことである。しかし、性暴力を、性的自己決定権の侵害のみから理解することには限界があるのではなかろうか。例えば、性産業における性暴力被害、特に売買春（性的サービスを直接売買する分野、「援助交際」や「パパ活」等も含まれる）やAV（性的演技を金銭で提供しその行為を映像として記録し販売する産業）出演問題における性的自己決定権がどのように保護法益（法律によって保護される利益、価値）として機能しているのかが重大な問題として提起されている。

宮台真司編集の『〈性の自己決定〉原論』（紀伊國屋書店、一九九八年）において、宮淑子は、アメリカの性産業に携わる女性の声を収録した『セックス・ワーク』（一九九三年、パンドラ）に言及して、「本に登場する女性たちは、セックス・ワークは自由意志で選んだ職業であり、性の自己決定である、と宣言しているのである。売春を労働として認めようともいっている。以来、自由意志の性労働（セックス・ワーク）という存在が可視化するにつれ、『売春を労働と認めていいのか』という議論や、今まで売買春は性暴力だ、売春婦はその犠牲者だ、とひと括りにしてきた考え方が揺らぎ始めている」〔宮1998、八一ページ〕としている。まさに性的自己決定権を行使して性労働に従事する人は、「性暴力の犠牲者ではない」との主張である。

また、宮台は、「戦時下、日本軍によって強制連行され、逃げることもできなかった性奴隷である従軍慰安婦の存在と、自発的に自由意志でセックスワーカーになった女性の存在を同一視し、『性の商品化』の脈絡で、性暴力の被害者の脈絡で、語るフェミニストたちのなんと多いことか」〔宮台1998、一〇三～一〇四ページ〕とも嘆いている。

ただ、売買春を「性労働（職業としての性売買）」に収斂させ性的自己決定権の帰結によるとする発想には、二つの問題が存在する。一点目は、売買春やAV出演が自由意志による性労働なのか、との疑問である。現代社会が抱える貧困・格差問題に苦しむ女性の中には、比較的短期間で稼ぐことができる分野に仕方なく従事することを選択せざるを得なくなっている人々もいるのではないか。また情報化社会の中でさまざまな社会的・文化的誘導が存在することから、自発的に性サービスに従事した／しているといえるのかという疑問も残る。

二点目は、性売買においては、雇用されたと仮定した場合、雇い主から一定の指示を受けて性的サービスを行うと考えられ、当然被用者は一定程度自己決定権が奪われ、つまり性的自己決定権行使が制限されるのではないかとみる疑問である。また、自営業として性的サービスを行う場合も、一般的に買春者と売春者は閉ざされた空間での行為となり、金銭を支払った買春者の方が力関係として強い権限（決定権）を持つ可能性が高く、対等・平等な関係性は保てないし、さらに、買春者は、売春者に金銭を渡したことで「売春者は、自らの性的自己決定権を一定放棄」したと理解し、売春者が買春者からの暴力に晒される可能性が高い。

性暴力被害、女性の人権に関する事件を多く担当してきた弁護士の角田由紀子は、「男性の経済的かつ性的支配欲の満足が、売春の重要な『魅力』である」（角田2001、一三一ページ）とし、売買春における買春者が、金銭と交換された性交において圧倒的力を発揮すると指摘している。具体的に角田は、「金の力が、それなくしてはできない行為を可能にする。『強姦』や『強制わいせつ』を模すことは、犯罪まがいの行為である。自分の恋人や妻には、同じ行為を強制することができない人であっても、見知らぬ女性に金を払えば、実行できる。女性も金銭の支払いと引き換えであるから、そのような行為の相手をする」（同前一三〇ページ）と述べている。

つまり、性売買においては、売春者が常時「暴力に晒される」環境にある。これを性的自己決定権行使による「労働」と解していいのだろうか。二〇一九年五月には、改正労働施策総合推進法（通称・パワハラ防止法）が成立し、大企業は二〇二〇年六月、中小企業は二〇二二年四月からハラスメントへの対応が義務化されている。こうした状況において、買春者による売春者への暴力・ハラスメントを生業《なりわい》と見る「労働」論の下で、そうした生業の中にある人権問題が、一切顧みられることなく放置されてよいのであろうか。

韓国では、売買春を性売買と呼び、性売買に関わった当事者が二〇〇六年に「性売買経験当事者ネットワーク・ムンチ」を結成し、性売買に反対する運動を展開している。「性売買は金銭を介した性暴力である」〔金／小野沢2020、二ページ〕として、彼女たちは異議申し立てを行い、自らの経験と買春男性の実態を社会に広く知らしめる活動を行っている。

結局、「性的自己決定権を行使し売買春やAV出演を行っている」とするには——当事者の自己理解としてはそういうありようはもちろん否定され得ないが——さまざまな矛盾がある。こうした言説は、少なくとも人権の問題を考えるうえでは、かなり限定的にしか理解できないものではないだろうか。

この点に関し、中里見は「今日主流の売買春は、明白な物理的・経済的な強制から、文化的で間接的で曖昧《あいまい》な強制へとその手段を移行させ、女性の外型的・形式的『合意』に基づくもの」〔中里見2007、二二五ページ〕と述べ、「現代的売買春に性的自己決定権が適用されると、それは性差別・性暴力批判として威力を失い、逆に『性的自由の放棄を自己決定』というように売買春における性差別・性暴力を肯定し正当化する」〔同前、二二五ページ〕と鋭く指摘する。彼は、「何のための性的自己決定権だったのか」の出発点に帰るべき、と訴えている。

(2) 性暴力を性的人格権から捉える視点

二〇一七年の刑法の一部を改正する法律の附則九条により、性犯罪に係る事案の実態に即した対応を行うための施策のあり方の検討の一環として、法務大臣の指示により「性犯罪に関する刑事法検討会」の第一回会議が二〇二〇年六月四日に持たれ、その後、計一六回開催された。同検討会は、二〇二一年三月五日に『「性犯罪に関する刑事法検討会」取りまとめ報告書』を法務大臣に提出した。

同報告書では、「性犯罪の保護法益を『性的自由・性的自己決定権』であるとしており、そのような見解に異論はないとの意見が述べられた一方で、保護法益を性的自己決定権と解することに対しては、幼い子供が被害者である場合に法益侵害を観念し難いとの意見や、暴行・脅迫の程度が自己決定権を凌駕するような強度のものであることが必要となるといった意見も述べられた」(性犯罪に関する刑事法検討会2021、三ページ)としている。

保護法益に関しては、これらの他に「性犯罪は、心身の境界線の侵害であり、『身体の統合性』を破壊する行為であって、相手を対等な存在と認めないことにより、その『尊厳』を踏みにじる行為」、「性的自由に加え、尊厳、自律、身体の統合性を含んだ概念である『性的統合性』を保護法益とすべき」、「一定の上下関係に基づいて行う性的行為自体に侵害性があり、その上下関係を利用して性的利益を奪い取ることに性犯罪の本質があるから、『人格的統合性』や『性的尊厳』を保護法益とすべき」〔同前、三ページ〕との意見が出された。

これまで性暴力・性犯罪においてはその保護法益を性的自由権・性的自己決定権であると捉えるのが一般的であったが、同報告書では、あえて人格統合性・性的尊厳を保護法益とすべきとの一部の委員の見解を掲載した。このことは意義深いといえる。

性売買を「性労働」と位置づける論者の中には、性を人格から切り離すことを主張する者も見られる。例えば、上野千鶴子は、「性が人格とむすびつき、性を侵すことが人格を侵すこととむすびつくという見方が続く限り、性労働は他の労働に比べて逆説的な特権を持つ。〔中略〕性が人格から独立し、性的欲望が権力関係と結びつくのをやめたとしたら？　ひとびとが凝《こ》った肩をもみほぐしてもらうように、性的緊張を解きに専門家のもとをおとずれるとされ、性労働者から社会的なスティグマが拭い去られるようになったら。そうなれば、性労働者はマッサージ師とかわらない一般職となるだろう」〔上野1998、七九〜八〇ページ〕と、性と人格を切り離すことで、性売買が一般職となり性売買におけるスティグマが払拭《ふっしょく》されると唱えた。

しかし、人格とは、「その人固有の人間としてのありかた」であり、また人間の尊厳の基本要素、基本的人権の源であることから、性〔生殖としての性、快楽としての性〕も、その人固有のものであり、性的人格権が付与されると考えるのが自然である。であれば、上野が提唱するように性と人格を切り離すことは不可能であろう。

例えば、日本国憲法一九条では、「思想及び良心の自由」を侵し難い人権として位置付けている。もちろん、国家権力からの侵害、私人による侵害からも守られるとしたものであり、いわば人間の精神の自由を保障する自由権であり、人間の尊厳を形成する根源ともいえる。角田は、「思想及び良心の自由」と同様に「性的自由」も売り渡すことのできない権利として位置付けられ、その根底に「性的人格権がありうるのではないか。人権というものの考え方は、人間存在の根源をなす人間の尊厳を確認することに基礎がある」〔角田2001、一三八〜一三九ページ〕と指摘している。

また、中里見は、性売買批判として「性的人格権」を位置づけている。

「性的人格権は、身体的自由権と精神的自由権の両方を結合した権利として、一切の強制から絶対的な保障を要請する。すなわち、公権力はおろか、夫の権力、親の権力、血縁的権力、社会的権力――とりわけ経済的権力――を含む一切の権力による強制から自由が保障されなければならない。したがってそれは、性が金銭によって売り買いされることを否定するものである」〔中里見2007、二二七ページ〕

戦時と平時における連続する性暴力への注視

角田と中里見は、性暴力を理解する上で重要な「性的人格権」を提起した。本書も、両氏の人権視点と思考を基底に論を進めていきたい。

また、以下の指摘も性暴力・性被害を論じる上で重要な視座だと考え引用する。中里見も副理事長をしていたNPO法人ぱっぷすは、性的人権に関し、性的人格権だけではなく、新たに「性的平等権」を掲げている。性的平等権とは、「レイプは女性という社会集団を性的に従属させ支配する行為でもあります。そこで侵害されたのは、女性という集団が平等な人間として扱われる権利です」◆2と謳《うた》っている。

性暴力がはびこる現代社会は、女性という集団（もちろん、性被害者は、女性だけではなく、男性も、LGBTも含まれるが、多くは女性である）が平等な人間として扱われていないことを明示する重要な権利性の指摘だといえる。この点は、戦時と平時における性暴力の根源にあるジェンダー不平等を見落とさないためにも、常に重視しなければならない点である。

佐藤文香による、「平時の社会で女性が劣位に置かれているというジェンダー秩序が、戦時の女性に対する性暴力に繋がっていること、逆に、戦争における経験が平時の女性に対する男性の暴力を形づくるものである」（佐藤2021、四六ページ）という提起は、示唆に富む指摘である。

本書1章でも論じるが、日本軍による従軍「慰安婦」問題は、一九八〇年代以降、戦時性暴力の典型事例として日本政府による謝罪と補償を要求する大きな問題となった。従軍「慰安婦」問題は、その根底に、植民地支配による人種差別、官憲による強制連行などがある。性奴隷化した「慰安婦」から自由を剝奪《はくだつ》し最大の恐怖を与え、人間としての尊厳すら奪った卑劣なものであったことは多くの人が承知している。しかし、この問題が、「戦時の特殊事例だから」謝罪と補償が必要だとの問題認識では、性暴力の本質を見えなくしてしまう危険性がある。

特に、その後の占領期の特殊「慰安」施設で働かされた女性や、売春をせざるを得ない人々の問題は、ほとんど顧みられることすらない。それどころか、性的自己決定権の行使とされ、自己責任の類に矮小化《わいしょうか》されてしまう。つまり、戦時と平時における性暴力の連続性を注視しなければ、現代社会が、女性が不平等に置かれるきわめて歪《いびつ》な社会であることを隠蔽《いんぺい》してしまう可能性がある。

本書は、占領期の「特殊慰安施設協会」の設立経緯や、その当時の人々の女性観を問う。その理由は、性暴力の戦時と平時の連続性、またその根底にある男性優位のジェンダー秩序の維持という動機をえぐりだすためでもある。以下、第二次世界大戦における日本の敗戦後の占領期、日本政府と占領軍によって占領軍兵士用の売買春事業が実施された経緯を見ていくが、そこでは事実経過とともに、記録に残されたこの事業の関係者、あるいは当時の日本人の女性観、人権観についても随時ふれていくようにしたい。そこにある女性や人権に対するゆがんだとらえ方が、実は今日の社会にも残っていること、それが男性優位のジェンダー、それを土台にした社会秩序に結びついていることを確認するためである。占領当時と今日とでは、もちろん、我が国の人権状況は異なっており、今日では様々な進歩が確認できるが、同時に、日本社会に残る人権理解の遅れを、とくにジェンダー不平等の実態との関係で直視すべきと考えるからである。本書は、この論点においては、占領期の事態を検証することが有益であると確信している。

注

◆1　この運動の過程で、二〇〇九年五月にポルノ被害と性暴力を考える会（PAPS: People Against Pornography and Sexual Violence）が発足し、二〇一七年一一月にはＮＰＯ法人として認証され、二〇二〇年一〇月に正式名称「ぱっぷす」となった。

◆2　ＮＰＯ法人ぱっぷす　https://www.paps.jp/humanrights　最終閲覧日二〇二二年七月一〇日。

引用文献（著者名のアルファベット順。以下の各章とも同様）

・バクシーシ山下２００７『ひとはみな、ハダカになる。』理論社、二〇〇七年。

・国連経済社会局女性の地位向上部２０１１『女性に対する暴力に関する立法ハンドブック』信山社、二〇一一年。

・金富子／小野沢あかね２０２０『性暴力被害を聴く』岩波書店、二〇二〇年。

・宮淑子１９９８「性の自己決定とフェミニズムのアポリア」、宮台真司ほか著『〈性の自己決定〉原論』紀伊國屋書店、一九九八年。

・宮台真司１９９８『〈性の自己決定〉原論』紀伊國屋書店、一九九八年。

・宮本節子２０２２「ＡＶ制作過程での性暴力被害を掘り起こす」、ぱっぷす『ポルノ被害の声を聞く』岩波書店、二〇二二年。
・中里見博2007『ポルノグラフィと性暴力』明石書店、二〇〇七年。
・性犯罪に関する刑事法検討会2021『「性犯罪に関する刑事法検討会」取りまとめ報告書』法務省、二〇二一年。
・佐藤文香2021「戦争と暴力——戦時性暴力と軍事化されたジェンダー秩序」、蘭信三ほか編『シリーズ戦争と社会1「戦争と社会」という問い』岩波書店、二〇二一年。
・角田由紀子2001『性差別と暴力——続・性の法律学』有斐閣、二〇〇一年。
・上野千鶴子1998『発情装置——エロスのシナリオ』筑摩書房、一九九八年。

第1章　占領期の国策売春施設設置と国や警察の関与

日本は、一九四五年八月一五日に太平洋戦争敗戦を迎えた。早くもその三日後には、「外国軍駐屯地における慰安施設設置に関する内務省警保局長通牒《つうちょう》」（資料1―1）が各都道府県に無線電信され、各警察署長に対し占領軍用「慰安」施設の設置を促している。また、同年九月四日には、内務省保安課長から関係部局に「米兵の不法行為対策資料に関する件」（資料1―2）が通牒され、婦女子強姦《ごうかん》予防のために米兵「慰安」所を急設することを要請している。

第二次世界大戦中の従軍「慰安婦」問題に関しては、例えば元韓国人「慰安婦」が日本政府に対して提起した訴訟において、二〇二一年一月八日ソウル中央地方裁判所は、日本政府に原告への損害賠償の支払いを命じる判決を行い、同年一月二三日に同判決は確定した。このように、従軍「慰安婦」問題は日韓間だけでも相当大きな外交問題となっている。

従軍「慰安婦」訴訟においては、国等による「強制連行」が損害賠償の根拠ともなる重要な争点であるが、日本政府は「発見した資料の中には、軍や官憲によるいわゆる強制連行を直接示すような記述は見当たりません」〔外務省2021〕と強制連行を一貫して否定している。しかし、一九九三（平成五）年八月四日の「慰安婦関係調査結果発表に関する河野内閣官房長官談話」においては、「慰安所は、当時の軍当局の要請により設営されたものであり、慰安所の設置、管理及び慰安婦の移送については、旧日本軍が直接あるいは間接にこれに関与した」〔外務省1993〕と、軍当局に

資料1―1　外国軍駐屯地における「慰安」施設設置に関する内務省警保局長通牒

昭和二十年八月十八日

外国軍駐屯地における慰安施設について

（内務省警保局長より庁府県長官宛の無電通牒）

外国軍駐屯地に於ては別記要領に依り之が慰安施設等設備の要あるも本件取扱に付ては極めて慎重を要するに付特に左記事項留意の上遺憾なきを期せられ度。

記

一　外国軍の駐屯地区及時季は目下全く予想し得ざることなれば必ず貴県に駐屯するが如き感を懐き一般に動揺を来たしむが如きことなかるべきこと。
二　駐屯せる場合は急速に開設を要するものなるに付内部的には予め手筈を定め置くこととし外部には絶対に之を漏洩せざること。
三　本件実施に当りて日本人の保護を趣旨とするものなることを理解せしめ地方民をして誤解を生ぜしめざること。

〈別記〉

外国駐屯軍慰安施設等整備要領

一　外国駐屯軍に対する営業行為は一定の区域を限定して従来の取締標準にかかわらず之を許可するものとす。
二　前項の区域は警察署長に於て之を設定するものとし日本人の施設利用は之を禁ずるものとす。
三　警察署長は左の営業に付ては積極的に指導を行い設備の急速充実を図るものとする。

性的慰安施設
飲食施設
娯楽場

四　営業に必要なる婦女子は芸妓、公私娼妓、女給、酌婦、常習密売淫犯者等を優先的に之を充足するものとす。

出典：『婦人関係資料シリーズ　一般資料第17号』p11。全く同じ資料が『婦人関係資料シリーズ　一般資料第22号』p17～18、『婦人関係資料シリーズ　一般資料第31号　改訂版』p12～13、に掲載されている

資料１—２　「米兵の不法行為対策資料に関する件」

保外発第四六号
　昭和二十年九月四日

内務省保安課課長

警視庁特高部長
大阪府治安部長　　　　　殿
各庁府県警察部長
(写各地方総監府第一部長)

米兵の不法行為対策資料に関する件

進駐米兵により惹起せられつつある各種の不法行為の態様並之が対処策別添送付候条参考に資せられ度

一、米兵不法行為の態様（略）

１、婦女子強姦猥褻事件
２、警備警察官に対する不法行為
３、其他の不法行為

二、対処策

１、厳重なる抗議を為し先方の自主的是正を喚起すること
２、婦女子強姦予防としては

(ハ) 米兵慰安所を急設すること
進駐決定せる時は附近適当なる場所に慰安所を急設すること。慰安所は表面連合軍司令部として公認せざる所なる如きも自衛方法として其種施設は絶対必要なり。但し先方内部無統制よりして場合に依り進駐決定急に通告あるを以て事態に対応し得る為には移動式慰安所を成るべく多く工夫用意すること肝要なり。

(ニ) 目下中央に於いて交渉中なるも米兵上陸に際し又は其の他の場合に民衆の検索を実施する場合は我方警察官立合の上為さしむる様考慮中なるも現地に於いては中央の正式指令を待たず部隊上陸直後速かに警察側責任者は渉外機関を通じて又は必要なる場合は直接先方指揮者と会見して此点打合実施されたし。

３、警察官対する不法行為防止策（略）

出典：内務省保安課長「米兵ノ不法行為対策資料ニ関スル件」1945年9月4日、国立公文書館、返還文書、レファレンスコード A06030039200

よる強制連行には言及していないものの、設置、管理、移送においては軍当局の関与があったことを認めた。

一方で、今日まで、日本政府は占領軍のための「慰安」施設設置を国や警察が関わり促したことは認めてこなかったし、同施設で勤務した「慰安婦」が日本政府を提訴した事実もない。従軍「慰安婦」問題と比較するときわめて奇異な感は否めない。

この問題を戦時下、あるいは占領下の特殊な問題とみなしてよいのであろうか。根底には、日本社会の命の軽視と人権・ジェンダー平等意識の欠如等の問題が存在しているといわざるを得ない。あらためて、戦後米軍占領下の占領軍用「慰安」施設問題から人権問題を考えてみたい。

一　占領軍「慰安」施設設置に国や警察が関与した公文書は存在しないのか

例えば、一九九六年一一月二六日の参議院決算委員会において、参議院議員（当時）吉川春子が、従軍「慰安婦」問題に関連して、米兵に対して日本女性を提供する資料に関して政府に質《ただ》している。

「警察庁あるいは内政審議室に伺いますが、この政策は敗戦後も引き継がれて政府は同様のことを行っているわけですが、日本政府の日本兵のための慰安所経営の政策、これは敗戦後、アメリカ軍の日本進駐に伴って、今度は米兵に対して日本女性を提供するという政策につながったわけですね。米占領軍進駐の一週間後の昭和二十年九月四日付で発せられた。内務省保安課長から警視庁特高部長、大阪府治安部長あてなどの『米兵ノ不法行為対策資料ニ関スル件』について、この資料を知っていますね」〔参議院1996〕

同質問に対して、国立公文書館次官・関根康文は、「御指摘の米国からの返還文書でございますが、昭和四十九（一九七四）年の一月に当館で移管を受けまして、以後公開」〔同前〕していると答弁した。

ところが、警察庁長官官房総務審議官・山本博一は、「ただいま御指摘になりました文書につきましても、御指摘があり調査いたしましたが発見されず、警察庁におきましては保管をされていない」〔同前〕と答弁した。

吉川は、「私が伺いたいのは、その通達に基づいて各県警が米兵に対する慰安施設を設置し、いろいろなことをやっているわけですね。そういう事実があるかどうかちょっと確かめてもらいたいというふうにお願いしておきましたけれども、どうでしたか、警察庁」〔同前〕との質問に、山本は以下のように答弁した。

「先生の御指摘は、各県の警察史の中にそのような記述があるということかと存じますが、各県の警察史のそれぞれにつきまして私ども承知はしておるところでございますが、各県警がそれぞれ独自に作成したものでありまして、警察庁としては何らの関与も行っておらないところでございます。したがいまして、これらの内容につきましてはコメントする立場にはない」〔同前〕

しかし、山本の答弁は、吉川の質問趣旨を意図的にねじ曲げ、各県警の警察史の作成には警察庁は関与していないことを述べたにとどまっている。つまり、内務省警保局通牒に基づいて各県警が占領軍用の「慰安」施設を設置したのかどうかに関しては一切答弁しておらず、その点における警保局の関与を否定したことにはなっていない。また、同質問に対して当時の官房長官・梶山静六は、意味不明の感想を述べている。

「残念ながら、今までそういう記述や話を伺う機会がございませんでした。委員の言うことが全部であるか一部であるか、それは私は定かにできませんが、やはり昭和二十年というあの混乱期を考えると、確かに悲しい、それから主権を持っていない日本の一つの縮図ではあった。もしもそれが全部そうだとしても、私はその時代の警察官を責めるわけにはいかない」〔同前〕

梶山の、国が性暴力を主導・容認していたとの認識の欠如には驚かされたし、終戦後三日目に日本の警察組織が率先して「占領軍慰安施設の設置」を進めた事実を、「主権を持っていない日本」として占領軍による要請と理解している向きがあり、日本政府の関与をことさらに矮小《わいしょう》化《か》しようとする意図が働いたと理解できる。

その後、吉川は、一九九八年一〇月一六日に参議院議長に対して資料１―１文書を含む旧内務省の公文書の保管と公開に関して趣意書を提出したが、同年一一月一〇日に内閣総理大臣・小渕恵三名で「答弁書」が提出され、資料１―１の文書に関して「警察庁においては、御指摘の文書について誠実に調査を続けてきたところであるが、発見に至っていない。また、警察庁には、同文書を引き継いだ記録はない」〔参議院１９９８〕とし、さらに「御指摘の指示に基づいていかなる措置がとられたかについては、記録が存在しないため、確認できない」〔同前〕とも記載されている。

ただ、警察庁や国は、同文書の「発見に至っていない」、「文書を引き継いだ記録はない」、さらに「記録が存在しない」との理由で、その当時実際に何が行われたかについての調査は一切行っていない。記録がないから調査をしないでは、国等が重要な公文書を意図的に破棄すれば、「あった事実がなかったことにされる」とも理解できる。

占領軍「慰安」施設設置は内務省の通牒を受け、各都道府県警察が設置した事実が、各地の警察史・郷土史に記録されている◆1。終戦直後に警察組織が内務省から警察庁へ移管されたとはいえ、調査の責任を果たすのは当然であろう。

このように警察関係の公文書が発見されないことはしばしばあるのであろうか。ここには、終戦直後の警察組織の大幅な改変が深く関わっている。日本の警察は、一八七四（明治七）年に、当時の内務省に警保寮が設置されて以来、第二次世界大戦敗戦後の一九四七（昭和二二）年まで、警察中央組織は内務省警保局が所管し、地方では知事が管轄していた。その後一九四七（昭和二二）年に警察法が制定され、一九四八（昭和二三）年から国家地方警察と市町村自治体警察の二本立てとなった。さらに、一九五四（昭和二九）年に警察法が抜本改革され、国には都道府県警察を指揮監督する警察庁が設置され、地方では都道府県単位の警察組織が設置された。

つまり、終戦後の内務省解体に伴い警察組織が内務省から警察庁へ移管され、それに伴い関係文書等も警察庁に引き継がれたはずであるが、政府は前掲の資料は引き継ぎ文書には存在していないと主張している。当然当時の公文書等の管理体制に問題があったことは予想に難くないし、いくつかの証言から、相当の公文書が終戦直後焼却され、またその他の重要な連絡は口頭のみで行われた可能性も否定できない。例えば、終戦当時の内閣官房文書課事務官・大山正は、公文書の焼却に関して以下のように証言している。

「内務省の文書を全部焼くようにという命令が出まして、後になってどういう人にどういう迷惑がかかるか分からないから、選択なしに全部燃やせということで、内務省の裏庭で、三日三晩、炎々と夜空を焦がして燃やしました」〔大山１９８７、三〇七～三〇八ページ〕

また、終戦当時、内務省地方局事務官奥野誠亮は、戦争末期重要な軍部や内政関係の通知等は、米軍に見られないよう多くは口頭のみとしたと語っている。

「奥野〔誠亮〕　僕が思うのは、十五日の何日か前に、終戦処理の方針をきめなければいけないので……これは入江さんから伺ったのです、終戦になるのだと。だからどう処理するかということで、内務省で各省の総務局長会議を入江さんが主宰されてやったと思う。そのときいろいろなことが議論になったが、（中略）公文書は焼却するとかいった事柄が決定になり、これらの趣旨を陸軍は陸軍の系統を通じて下部に通知する、海軍は海軍の系統を通じて下部に通知する。内政関係は地方総監、府県知事、市町村の系統で通知するということになりました。これは表向きには出せない事項だから、それとこれとは別ですが、とにかく総務局長会議で内容をきめて、陸海軍にいって、さらに陸海軍と最後の打ち合わせをして、それをまとめて地方総監に指示することにした。十五日以後は、いつ米軍が上陸してくるかもしれないので、その際にそういう文書を見られてもまずいから、一部は文書に記載しておくがその他は口頭連絡にしようということで、小林さんと原文兵衛さん、三輪良雄さん、それに私の四人が地域を分担して出かけたのです。それが何日に出発したかは覚えていないのですが……。

入江〔誠一郎〕　十六日だと思います」〔自治大学校史料編集室1960、一一〜三ページ〕

その後、政府は一九八〇（昭和五五）年五月二三日閣議決定「情報公開に関する改善措置について」に基づいて、同年一二月二五日「公文書等の国立公文書館への移管及び国立公文書館における公開措置の促進について」との各省庁との申合せをまとめ、国立公文書館における適切な管理と保存を行っているとした。しかし、「国の行政にかかわる公文書等の管理及び保存は、当該公文書等を保有する各行政機関の長の責任」〔参議院1998〕において行われ、公文書等の保存、破棄及び公開に関しては「各行政機関の文書管理規則等において定められた者」が行うとした。

つまり、一九八〇年の閣議決定、各省庁との申合せ以前の公文書の場合、意図的に破棄された可能性は否定できない。また、それ以後であっても、公文書の管理の責任者の判断で「保存、破棄及び公開」の判断が可能であり、その点において恣意《しい》性が働く可能性も排除できない。

また同閣議決定では、公文書等を「国の行政にかかわる公文書等」としており、公文書管理責任者が「国の行政にかかわらない」と判断すれば、それらの文書が「公文書等」とされず、そもそも保存されないことになる。もちろん、公文書等でないとされた場合、それらの文書は作成されたことも、保存されていたかどうかの記録すらも残らない。

その後、「アメリカ情報公開法」（Freedom of Information Act　一九六七年制定）がクリントン政権下の一九九六年に大幅改正され、日米関係の機密文書等の公開請求も可能となったことを受け、当時琉球大学教授の我部政明が、一九九八年から二〇〇〇年にかけて沖縄占領に関する機密文書の公開請求を行い、沖縄財政密約の全容を解明した。

米国での情報公開の進捗《しんちょく》を受け、日本においても公文書等の情報公開を求める動きが活発となり、一九九九年五月に「行政機関の保有する情報の公開に関する法律」（情報公開法）が成立し、二〇〇一年四月から施行された。しかし、当時日本においては、公文書管理に関する法律が存在せず、情報開示請求においても当該公文書の不在を理由に不開示が多発し、文書の破棄等の不適切事案が散見されたことから、適切な公文書管理を求める世論が形成されるに至った。

二〇〇九年六月に行政機関（府省庁）及び独立行政法人等における公文書等の管理を定めた「公文書等の管理に関する法律」（公文書管理法）が制定され、二〇一一年四月に施行された（二〇一七年四月改正）。同法が管理する文書は、「行政文書」、「法人文書」、「特定歴史公文書等」とされ、行政文書は、「行政機関の職員が職務上作成し、又は取得した文書であって、当該行政機関の職員が組織的に用いるものとして、当該行政機関が保有しているもの」（同法二条）としている。

このように、日本においても二〇〇〇年代に入り情報公開及び公文書管理に関する法整備が行われ一定の前進が見られたが、その後も公文書管理に関して不正が見られた。例えば、森友学園問題では、二〇一八年三月二〇日会計検査院による調査で、財務省が提出した一四文書が全て改竄《かいざん》後のものであったことが判明している。

二　占領軍用「慰安」施設としての「特殊慰安施設協会」（ＲＡＡ）の設立の経緯

資料１―１「外国軍駐屯地における慰安施設設置に関する内務省警保局長通牒」は、戦後警察組織を所管した警察庁には存在しないとしているが、筆者の調査から、労働省にはその文書が残されていた可能性が見いだせた。

労働省婦人少年局が一九五二年にまとめた『婦人関係資料シリーズ　一般資料第一七号　売春に関する資料――売春関係年表と文献目録』〔労働省１９５２、一一ページ〕に、同通牒の全文が参考資料の冒頭「資料の（一）」として挙げられている。戦後七年目にまとめられたことを勘案すると、伝聞をもとに全文を正確に記載することは不可能であることから、労働省には同通牒の写しが保管されていたと考えるのが妥当であろう。さらに、同文献年表説明文の中で「参考資料として、関係官公庁の通牒その他重要な資料を終りに添附した」〔同前、二ページ〕との文言があることから、その傍証となる。また、同通牒資料は、一九五三年『婦人関係資料シリーズ　一般資料第二二号　売春に関する資料』〔労働省１９５３〕、一九五五年『婦人関係資料シリーズ　一般資料第三一号　売春に関する資料――改訂版』〔労働省１９５５〕にも掲載されている。

資料1―3　労働省婦人少年局資料に見るRAA設立の経緯

売春に関する年表

昭和二〇年（一九四五年）

八月一八日　警視庁保安課、花柳界業者代表を招集、進駐軍に対する公設慰安施設について協議す。

内務省警保局より各庁府県長官に対し、「進駐軍特殊慰安施設整備について」無電と発送〈参考（一）〉。

この頃より各府県占領軍進駐に備えて、公用慰安婦募集並びに配置がえ等が行われた。これは後に一般婦女子の防波堤意識を云々する原因となった。

八月二六日　花柳業者代表により、株式会社R・A・A協会（特殊慰安施設協会）が結成され、二九日警視庁これを認可す。

第一回接客婦募集（戦後処理の国家的緊急施設、新日本女性を求むの募集広告）に応募者殺到、一三六〇名採用さる。

八月二七日　R・A・A協会最初の事業として、大森小町園開業、慰安を求める進駐軍兵士来訪。

出典：『婦人関係資料シリーズ　一般資料第17号』p2より引用

さて、「特殊慰安施設協会」（Recreation and Amusement Association　以下、RAAと記す）は、あくまでも東京都下の占領軍「慰安」施設設置推進を目的に設立された団体であり、他道府県における同様の施設を管轄するものではない。また、東京都下にあっても、RAAとは関係なく占領軍「慰安」のために供された遊郭等は多数あった。RAAが設立に至った経緯は、一九五二年の労働省資料に年表として記載されている（資料1―3）。

（1）内務省と警視庁は占領軍「慰安」所設置にどう関わったのか

一九四五年八月一五日、ポツダム宣言受諾を告げる玉音放送を受け、同日鈴木貫太郎内閣は総辞職。その二日後の八月一七日皇族出身の東久邇宮稔彦《ひがしくにのみやなるひこ》が首相に就任し組閣した。組閣一日後には、内務省警保局（国）及び首都東京を管轄する警察組織警視庁が、占領軍用「慰安」施設設置に動いていた（資料1―1）。敗戦により国民生活が疲弊している状況下で、なぜ占領軍のために「慰安」施設設置を急がなければならなかったのであろうか。

先述したように、占領軍「慰安」施設設置に関し内務省や警視庁をはじめとする警察組織が関わった事実を国は公式には認めていないし、関連文書の殆《ほとん》どが戦後の混乱期に焼却処分された可能性があり、その経緯等は国の公文書等より読み解くことは不可能に近い。しかし、幸いにもその当時、占領軍「慰安」施設設置に関わった警視庁幹部や東京都幹部の証言や手記がいくつか存在することから、その文献を頼りに経緯の詳細を分析したい。

当時内務官僚で、一九四四年七月から一九四五年四月まで五二代警視総監を務め、首相東久邇宮から一九四五年八月一七日付で五四代警視総監に再任され実質的に占領軍「慰安」施設設置の責任者であった坂信弥《さかのぶよし》◆2は、その事情を以下のように証言している。

「東久邇さんは南京に入城されたときの日本の兵隊のしたことを覚えておられる。（中略）アメリカにやられたら大変だろうという頭はあっただろうと思います。そうすると、どうしたらいいかと言うことで、やはり慰安施設が必要です。一応さばく所をそろえておこうじゃないかということが、内閣の方針としてきまった。それから内務省にまわってきた。はじめから内務省ではやると言う方針は確立していなかったということです。それで近衛さんが、これは下のものにやってもらうわけにはいかんから警視総監にやってもらうと、直接私を呼びました。（中略）ひとつ責任をもって君かかってくれんかといったのです」（坂1987、三〇九～三一〇ページ）

東久邇が覚えていたという「日本の兵隊のしたこと」とは、南京大虐殺を指している。一九三七年一二月日本軍が南京に入城し二カ月にわたり占領し、中国軍人捕虜、一般市民に対し、不法に殺害、強姦、暴行、虐殺、放火、略奪を行った事件[◆3]であり、日本が長きにわたって行ってきた「勝者は敗者を陵辱する」慣行を意味していたといえる。

河野談話で明らかになったように、日本の侵略戦争において、朝鮮半島出身者、中国人を含むアジア人、及び一部オランダ人を日本軍人の「慰安婦」として軍当局が直接関与し従軍させていた。つまり、多くの場合、「慰安婦」問題は、日本国外でなおかつ植民地出身者の問題として扱われている。しかし、見逃してならないのは、軍隊と「慰安」の問題は日本国内においても存在した。この点を秦郁彦の分析を通して説明する。

明治期になり、ますます遊郭の需要は増したとされるが、近代国家として「国家が関わるのは文明国から恥辱になる」（秦1999、二七ページ）として、一八七二（明治五）年、明治政府は徳川期から続いた遊郭における人身売買の慣習を停止する旨の「太政官通達第二九五号」を交付した。確かに同通達は、人身売買による娼妓等の解放を目指したが、遊郭自体は廃止されることなく、娼妓は、独立した個人事業主として遊郭を「貸座敷」として借り受けて売春を営んだのであった。その後、さまざまな戦争を通じて、遊郭と軍の関係性が密になってくる。

例えば、「日中戦争の段階では、若者が戦地へ出ていく分だけ利用は減ったが、軍需景気でふえた新規需要もあり、日米開戦の前後まで売春市場は横ばい状況」（同前、五八ページ）であったとし、その需要は全体としては減少しなかったとしている。それは、福田利子によると、太平洋戦争期には、吉原遊郭では「休日を待ちかねたように登楼する兵隊さん」（福田1993、一二四ページ）、「軍隊に入る前に（中略）花魁《おいらん》に息子を男にしてもらおうと一緒に登楼する父親」（同前、一二九ページ）などを引き受けていたことによると語っている。

さらに、終戦時に警視総監に再任されRAA設立に中心的役割を果たした坂は、かつて一九三六年四月から一九三七年六月まで鹿児島県警察部長を務めていたが、その折に、後に真珠湾攻撃（一九四一年一二月八日）を行った海軍航空隊隊員の「慰安」施設づくりを主導している。その経験が、RAAの原型となったと考えられる。坂は、鹿屋の軍「慰安」施設設置の詳細を『私の履歴書』で記述している。

「少年航空兵がたくさんいたが、海軍の中でここの少年航空兵が一番早熟だったらしい。いつ死ぬかわからない境遇だから、死ぬ前に〝男〟になりたいという気持ちも強かったのだろう。ところが適当な遊び場がないものだから、町の娘たちに被害が及ぶ。娘の親たちは怒って航空隊に苦情を持ちこむ。隊長の石井静（「石井芸江」の誤記）大佐もこれには弱って私のところにやってきた。『こういうことを頼むのはあなたで三代目の警察部長だが、なんとか遊び場をつくってくれないだろうか』

要するに〝赤線〟を作ってくれというのだ。当時、内務省は人身売買をうるさく取り締まっていたので、新しく遊郭を設置するなんてとてもむずかしいことだった。

私はこの申し出には弱ったが、私も同じ男である。まして少年航空兵はお国のためにあすを知れない命だ。そこで、『よろしい、なんとかしてみましょう』と言って一計を案じた。それは郊外の町有地約五万平方メートルにダンスホールを作る計画だ。各ダンスホールのダンサーは客である少年航空兵と意気投合の結果、別室にご案内する。つまり、今しきりにその方面に利用されている〝恋愛関係の成立〟という形式をとることにした。『特殊飲食店』というのはこの時初めてつけた名前である。

（中略）町長の推薦で五十人の業者にこれを任せた。この建物の回りは植え込みでかこみ、文字通り小鳥たちがチューチューさえずる環境にしてあげた。

警察部長が赤線をつくるなんて今ではとても考えられないことだ。どうやら私は法を守るより法の精神を体して法網をくぐらせる警察部長だったらしい」（坂1963、一四九～一五一ページ）

まさに、占領軍にも「適当な遊び場がないものだから、町の娘たちに被害が及ぶ」可能性があると考え、占領軍「慰安」所の設置に動いたと推定できる。

占領直後の性的暴行（強姦等）数は、当時米軍の統制下でプレス・コード（出版・報道における規制基準）があり確定していないが、一説では、占領軍上陸後一カ月だけでも、最低三七〇〇人以上の女性が占領軍将兵により性的暴行を受けたとされている〔五島1953、三六ページ〕。またその後、確認されている占領軍性的暴行届出数だけでも、一九四六年三〇一件、一九四七年二八三件、一九四八年二六五件、一九四九年三一二件、一九五〇年二〇八件、一九五一年一二五件、一九五二年五四件で、七年間の合計で約一五四八件〔神崎1954、七六～七七ページ〕あり、きわめて多い。ただ、この数字は届出数であり、氷山の一角だといえる。

当時内務省は、占領軍の性的暴行を含む不法行為には相当苦慮していたことが、内務省文書から窺《うかが》える。国立公文書館には、米国からの返還文書が多数保存・公開されているが、一九四五年八月三一日以降内務省はたびたび「進駐軍ノ不法行為」◆4として政府に報告している。

また、このような占領軍将兵による不法行為を受けて、内務省は一九四五年九月四日に資料1―2「米兵の不法行為対策資料に関する件」を、警視庁や各庁府県警察に通牒している。同通牒では、「婦女子強姦予防としては」の項で、「（ハ）米兵慰安所を急設すること　進駐決定せる時は附近適当なる場所に慰安所を急設すること。慰安所は表面連合軍司令部として公認せざる所なる如きも自衛方法として其種施設は絶対必要なり。但し先方内部無統制よりして場合に依り進駐決定急に通告あるを以て事態に対応し得る為には移動式慰安所を成るべく多く工夫用意すること肝要なり」と、

「婦女子強姦予防」のために、占領軍用の「慰安」施設設置を急げとしている。これは一部の女性を犠牲にすることを顧みない判断であり、結果として「慰安」施設の設置が全ての女性の人権を蹂躙《じゅうりん》していることに全く気がついていない現実が見えてくる。

坂も、「日本の婦人を守る〝防波堤〟」として占領軍「慰安」施設を設置したと当然のように語っている。

「占領軍も人間だ。ご苦労さんと言ってお迎えするわけにはいかないけれども、流れる水はせきとめてこそ落とさなければ、やっこさんらなにをするかわからない。そこで愛宕山の嵯峨野という料亭の親父に因果を含めて『そういうことを気にとめぬ女性がいたら集めてくれ。金はおれがつごうするから』と言って集めさせ進駐軍から日本の婦人を守る〝防波堤〟を作った。まず大森に、次に向島につくった」〔坂1963、一七〇ページ〕

また、坂は占領軍「慰安」所として開設した施設に訪問した際の逸話を残しているが、そこからは、女性を守るためにとの大義名分をかざし一部の女性の人権を蹂躙することに何のためらいもない当時の内務官僚・警察官僚の姿が見えてくる。加えて、その行為自身が、本人も含めて結果として全ての人間の尊厳・命を軽視していることにつながっていることにすら気がついていない。

「そのとき私は彼女らのはいっているフロに横綱の手数入《でずい》りみたいに堂々とはいった。その心は〝おれもはだかになっている、君たちはおれの娘ぐらいの年だ。おれもつらいがお前らも気にそまぬだろう。どうかしんぼうしてくれ、はだかになって心で手を合わせているんだ〟というところである」〔坂1963、一七〇ページ〕

さて、警視総監坂信弥の下で、実質的にRAA設立を主導したのは警視庁保安課長・高乗釋得《たかのりしやくとく》と警視庁保安課風紀係長・大竹豊後（一九四四年警視庁保安課風紀係長に就任、一九五〇年一月本所警察署長を最後に退職）であった。

大竹は、敗戦七年後の一九五二年に週刊誌『ダイヤモンド』五月号において、RAA設立の経緯を手記「肉体の防波堤昭和の唐人お吉」の中で克明に記している。その手記は、友人の新聞記者Oの情報から始まる。Oは、「アメリカの兵隊は、日本の慰安施設に、相当期待しているそうです」〔大竹1952、六五ページ〕との情報に、「〝矢張りそうか〟と私は思った。そしてここ数日間私共が執って来た行動が、決して、的を外れたものでなかった事を、更《あらた》めて自覚した」〔同前、六五ページ〕と回顧している。さらに、警視庁首脳部が、終戦の八月一五日には、占領軍「慰安」に関して話し合っていたともしている。

「終戦の日の十五日に、上層部では、既に、この問題の処理をどうするかについて、密議が進められていた様であった。十六日になると、警視庁の首脳部から、東京を如何にして平和を保つか――。この問題を、各々の職分を通じて、しっかり研究してくれとの通牒が来ていた。風紀の面も、これは必ず起こる事なのだから、主管である保安課で予め研究して置く様に――との事で、当時風紀係長であった私が矢面に立つ事になった。（中略）そこで、やるならば、一応そういう人達とも相談してみようじゃないか、という事に決まり、早速、招集状を出す事にした」（同前、六五～六六ページ）。

八月一八日に花柳界の面々を集め、警視庁保安課長高乗釋得が以下の要請を口頭で行ったとしている。

「今迄《まで》大変御世話をかけた、とうとう、こんな事になってしまった。然し、私共警視庁は、全力を挙げて、秩序維持に努めねばならない。この為には、平穏な状態で進駐軍を迎える事が先決問題だが、若《も》し諸君の力で警視庁が希望するが如き平和状態を保ち得ると思うなら、一つ、力を貸して貫《ママ》きたい」（同前、六六ページ）

この点に関し、一九四八年四月に発行された『R・A・A協会沿革誌』◆5（以下『協会沿革誌』）には、協会発足の経緯として以下のように記述されている。

「一億国民が呆然自失していた昭和二十年八月十八日、突如麻布の広尾小学校に疎開していた警視庁保安課から、東京料理飲食業組合にお声がかかって来た。組合長宮澤濱治郎氏と総務部長渡邉政次氏とに至急出頭するようにとの事であった。何事ならんと両氏がかけつけてみると、保安課長高乗釋得氏は、幾分青ざめた面持で、一部命令するが如く、一部哀願する如き語調で、次の様な事を話された。即ち、近く進駐して来る連合国軍の将兵を慰安する為に、各種の施設を作ることを閣議で決定したのである。政府は出来るだけ応援するから、是非民間でやってもらいたい」（坂口1948、一ページ）

『協会沿革誌』では、占領軍「慰安」施設設置に関して「閣議決定」したとあるが、筆者の調査の限りでは、その点を確認することはできなかった。当時の社会情勢を考えると、この手の案件を議論しても文書に残したとは考えられない。

さて、警視庁からの占領軍「慰安」施設設置要請に対して、東京料理飲食業組合の宮澤、渡邊は以下のような返答をしたと大竹は記している。

「それは課長、僕らも同じ気持ちなんだ、ただ、出過ぎちゃあいかんと思ったから、控えておったが、必ず起こる事なんだし、当然、自分達が考えねばならん事だ。やりましょう。戦争中は、当局の指導によって動いていたが、今となれば、事情も違う。我々が、我々自身の力でやって行く時だ。勿論、内面的な指導は、従来通りお願いするが、一つ我々に、全面的に委して貰えんだろうか」〔大竹1952、六六ページ〕と決意を述べ、それに対して警視庁保安課長高乗も、「結構だ」〔同前、六六ページ〕と応じた。

この点は、『協会沿革誌』では、以下のように記述されている。

「敗戦後この様に乱れた治安を復興し、四千萬大和撫子の純血を護るためには、是非共必要であることを両氏は直感し、突然の間にも異口同音に、祖国再建の礎石となるため、死力を竭《つく》して国家の要請に応えようとの決意のほどを答えた。保安課長も果たして此《こ》の話が実現出来るかどうか危ぶんで居られたのに、宮澤、渡邊両氏は即座に悲壮な決意のほどを答申したことから、大いに喜ばれ、それでは如何《いか》なる段取でこれを実現出来るのかとたたみかけて問われた」〔坂口1948、一ページ〕

その後、同年八月二〇日に業者側を代表して宮澤と渡邊が、決意と占領軍「慰安」施設の腹案を持参することとなった。

「先《ま》ず、女を集める。これによって、進駐軍将兵の慰安を、第一にさせる。新設備と一緒に、現有施設の遊郭も、その儘《まま》利用させて貰うが、その他に、貸座敷、接客婦のおる場所――すなわち、別の言葉でいうと、待合より安直な場所、これも利用させて貰う」。また、この腹案を実行するために以下の点を許可してほしいと願い出ている。「一、新設の場所へは、現有施設から接客婦を供給するがそれだけでは、到底不足だから、必要な人間を、東京やその近在より集めたい。宜しきや。一、暫くの間、日本人は、遠慮していただきたい」〔大竹1968、六七ページ〕としている。

業者による腹案の説明を受けた警視庁保安課長高乗は、その内容を警視総監に説明し承諾を得た

「腹案を見た課長は、一寸《ちょっと》待てといって、直ぐに総監の処《ところ》に飛んで行った。総監は、一部始終を聞いた後、力強く、『よし、それで行け』と言下に裁決を下した」〔同前、六七ページ〕

二日後の八月二三日に設立総会を開き、趣意書、目論見書、規約、借款と出資、役員及び身分と待遇等を承認、協会名を「特殊慰安施設協会」(RAA)とした。総会には飲食関係・公娼関係業界のトップだけではなく、警視庁の課長らが列席していることからも、その親密ぶりは目を見張るものがある。

〈業界〉

- 東京料理飲食業組合：宮澤濱次郎　渡邊政次　辻　穣　佐藤甚吉
- 全国藝妓屋同盟会東京支部連合会：高松八百吉　秋本平十郎
- 東京待合業組合連合会：大竹廣吉　三好鏻藏　梶田源三
- 東京都貸座敷組合：成川敏
- 東京接待業組合連合会：瀬谷紋次　鈴木初五郎
- 東京慰安所連合会：杉村源之助
- 東京練技場組合連盟：平山三郎

〈警視庁〉

- 警視庁保安課長：高乗釋得
- 警視庁保安課風紀係長：大竹豊後
- 警視庁保安課風紀係主任：清水
- 他警視庁警察官二名〔坂口1948、一～二ページ〕

同二七日にRAA設立許可申請書を警視庁に提出し、同二八日に警視庁より認可された。◆6 総会で承認された「目論見書」には「指導委員会」が設置され、指導委員会は、「内務省、外務省、大蔵省、運輸省、東京都、警視庁等各関係係官を以て組織す」〔同前、六ページ〕と記載があることから、

RAAは、国や警察組織と不可分一体となって組織されたことが理解できる。
ただ、RAAやその他占領軍「慰安」施設設置は、日本側から一方的に提案したものなのだろうか。終戦当時、東京都渉外部長職にあった磯村英一[7]は、「慰安」施設の設置に関してアメリカから要求されたと手記に残している〔磯村1995、五一～五二ページ〕。「ここに述べることは、私は生涯で、これまでほとんど文字にしてこなかった事実のひとつである」〔磯村1995、五一ページ〕と断り書きをしていることから、自責の念を込めてあらためて記述したものと思われる。

「それは、私が区長から渉外部長に異動を命じられた直後のことである。（中略）私が新しいポストに就いての最初の仕事は『レクレーション・センター』を数カ所造れという命令。前述のように、言葉の意味を取り違えて『スポーツランド』かと担当の将校に聞くと、そうではない。たまたま側にいた二世の通訳に聞くと、笑いながら日本語で言えば『吉原だ』と教えてくれた。私にはレクレーションという言葉には、そのような意味が含まれていることを知らなかったわけである。それにしても、すでに戦争が終わっており、しかも世界で〝人権の国〟といわれるアメリカがそれを要求するとは納得いかない」〔同前、五一～五二ページ〕

また、終戦当時東京都民政局予防係長を務めていた与謝野光[8]は、一九四五年九月初めに占領軍司令部に呼び出され、占領軍の中枢にいた軍医総監ウェブスター少将から、「いま東京に十万人の米軍兵士がいる。彼らの性の処理のために適当な場所を探したい。ついては君に協力してもらいたい」〔与謝野1990、一三三ページ〕と依頼された。具体的には、「警視庁から取り寄せたらしい、遊郭と赤線地帯が記入されている地図を机の上に広げ、『将校用と、ホワイト用、ブラック用と三カ所に遊ぶ場所を分けてくれ』と、私を促した」〔同前、一三三ページ〕としている。

当時東京都で渉外関係部署の任にあった磯村、また同民生局で医師として占領軍と関わっていた与謝野、この二人の証言は符合しているし信憑性《しんぴょうせい》は高いと思われる。つまり、占領軍「慰安」施設の設置は、日本側からのみ設置に向けての動きがあっただけではなく、それと並行して占領軍からの要請もあったことがわかる。これまでの研究では、日本側からのみの要請に特化した形で語られる場合が多かった。性暴力、売買春問題は、日本だけの問題ではなく、女性の人権、あらゆる者の人権をどう捉えるのかを、突きつけられている課題だといえよう。

それは、与謝野の以下の言葉においては、公娼や赤線地帯で働く女性と一般の婦女子が分けられている。このことからも、「人権」が時として特定の集団にのみ適用されている都合のよいマジックワードになっているのではなかろうかと感じるのである。

「米兵のために遊郭や赤線地帯を区分けするといった、私の常識では考えられないようなことは、自分の直接の仕事ではないと思った。しかし、『これは、なんといっても日本人との間にトラブルが起きないためにすることなのだ。是非力になって欲しい』というウェブスターのたび重なる言葉を聞いているうちに私は協力する気持に傾いていった。公娼や赤線地帯の女性には気の毒なことになるかもしれないが、一般の日本の婦女子に迷惑が及ばなくなるのであれば、マッカーサーの占領政策としてはいい仕事ではないだろうか」（同前、一三三ページ）

（2）RAAはどのように宣伝されたのか

RAAは、本部を銀座「料亭幸楽」に定め、たびたび新聞広告を打っている。同協会が設立されて間もない一九四五年八月二九日、朝日新聞朝刊全国面二面の中央の少し下に「職員事務員募集　募集人員五十名　外ニ語学ニ通ズル者及雑役若干名　特殊慰安施設協会」と最初の広告が掲載された。その後、翌年二月まで地方の新聞も含めて頻繁に広告が打たれている（資料1―4〜7）。

一九四五年九月三日付の静岡新聞ではRAAキャバレー部の募集広告を掲載し「高尚優美ナダンスヲ通ジテ国民外交ニ寄與《きよ》セントスル新女性!!」、「ダンサー2000名　経験ヲ問ハズ　急募　高級衣・食・住給與《きゅうよ》ス」と謳《うた》った。敗戦で多くの者が飢えをしのいで生きている状況下で、「高級衣・食・住給與ス」に魅力を感じた者が多かったことが想像できる。

既に八月二七日時点でダンサー等も含めて一三六〇人を採用している（大竹1952、六九ページ」が、RAAの目論見書によると「慰安」部門で五〇〇〇人を集めようとしていたことがわかる。◆9

しかし、開所当時RAA情報課長であった鏑木清一◆10は、目論見書の五〇〇〇人を遥かに超える一万数千人を「慰安」所に配置した、と著書で語っている。

「早急に進駐軍将兵の〝爆発的なセックスの要求〟に応ずる体制には不充分なので〝お国のために〟という大義名分で地方に離散したこれら商売女を集め、その数一万数千人を第一線部隊として各慰安所に配置し、占領軍が進駐して来る八月二十八日までに開店できるよう一応の態勢を整えることが出来た」〔鏑木1972、一九～二〇ページ〕

広告宣伝は、新聞だけではなくRAA本部や銀座周辺にも女性募集広告看板を出した。その経緯は、当時RAA情報課宣伝係長を務めていた橋本嘉夫が、『百億円の売春市場』で詳述している。

「進駐を目前に、慰安婦の募集は火急に迫られていた。

> 女事務員募集。年齢十八歳以上二十五歳迄。宿舎、被服、食糧全部当方支給
> 新日本女性に告ぐ！　戦後処理の国家的緊急施設の一端として、駐屯軍慰安の大事業に参加する新日本女性の率先協力を求む！

この募集広告の大看板が、銀座の電車通りの幸楽の前に、人眼をひく様に出されたのは、幸楽開

資料1―4　RAA の広告

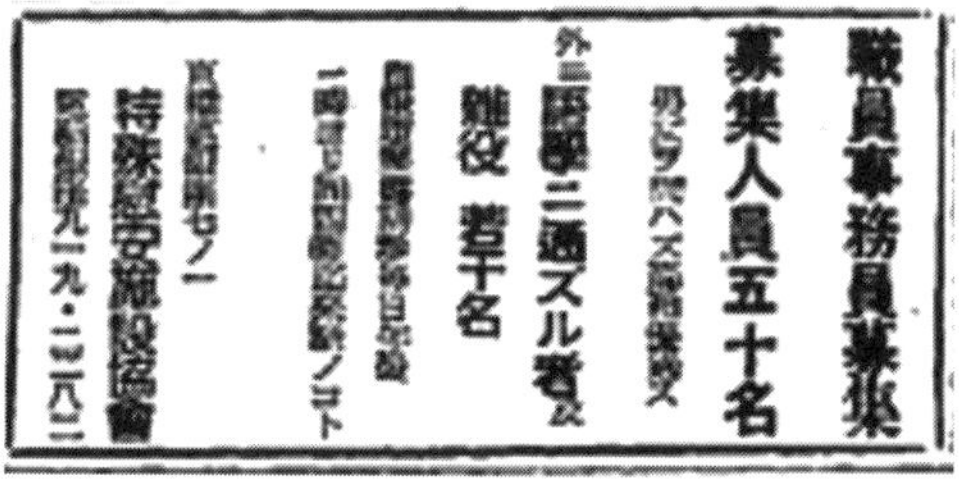

出典：朝日新聞 1945 年 8 月 29 日付

資料1―5　RAA の広告

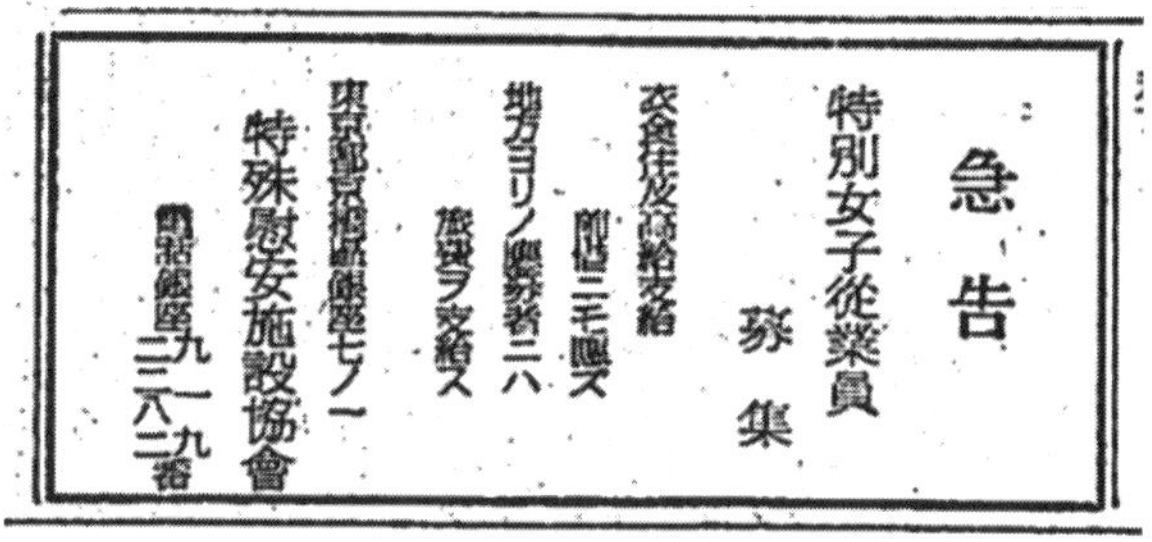

出典：毎日新聞 1945 年 9 月 3 日付

資料1―6　RAA の広告

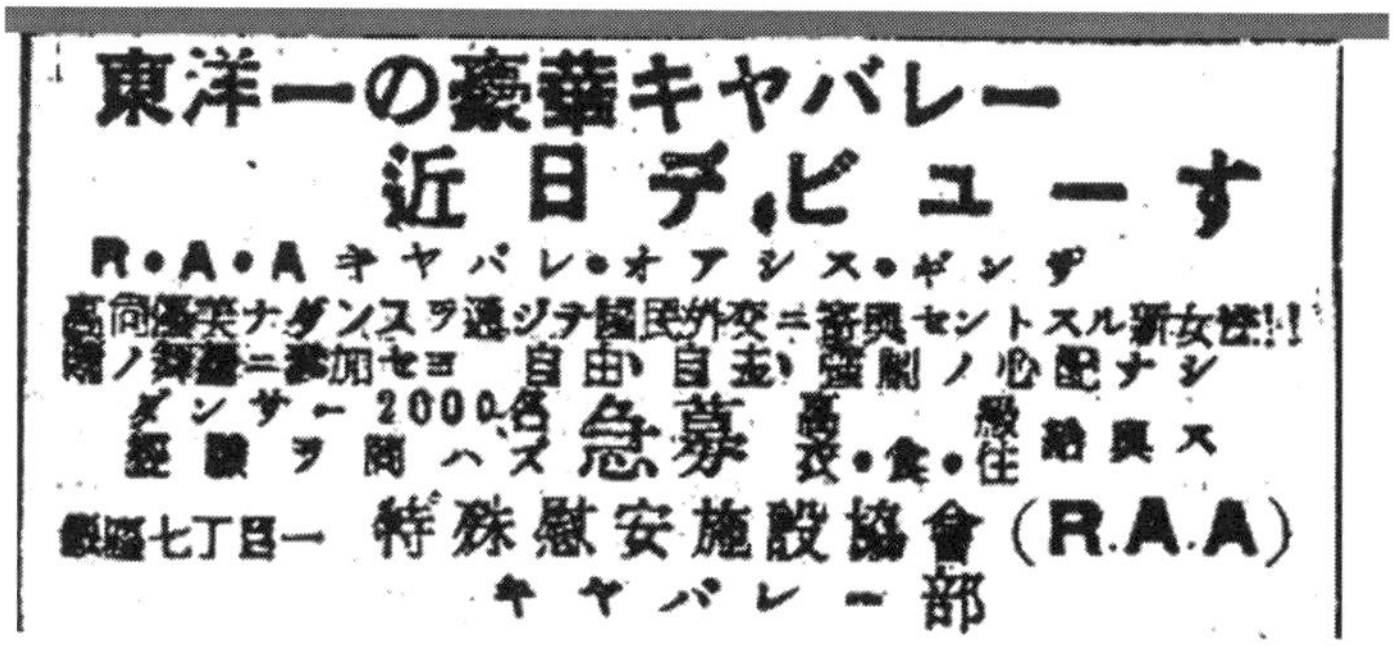

出典：静岡新聞 1945 年 9 月 3 日付

資料1—7　RAAの広告

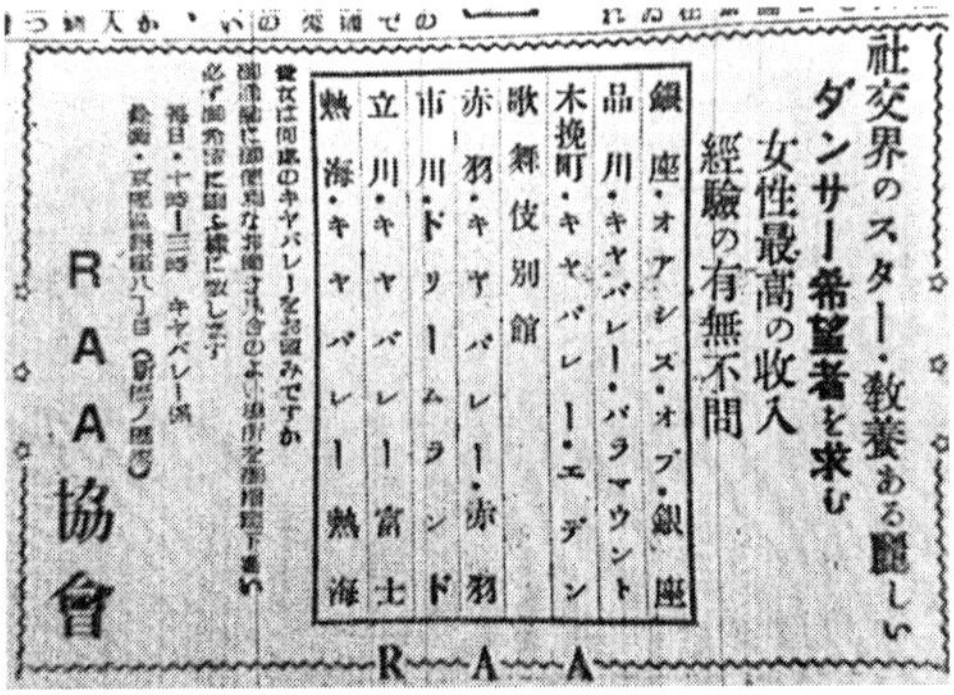

出典：神奈川新聞1946年2月24日付

所と同時だった。敗戦の衝撃で、さすがに、国民をとりこにした一種の虚脱状態をみとっていたからであろうか、『慰安婦募集』とは書かずに、『女事務員募集』と看板に書かれたことだった」〔橋本1958、三六～三七ページ〕

また、橋本は、同書で日々多くの女性が面接に訪れたと証言し、「慰安」担当の幹部は、それらの女性に、仕事の内容の説明よりは「言いふくめて念をおす」ようだったとしている。衣食住がままならない状況下では、「言いふくめ」られたとすれば選択肢はきわめて限られるし、これは「慰安婦」への誘導であったといえよう。

「女事務員募集に応じて、人はよってきた。宿舎、被服、食糧全部支給としてあるのをみれば、裸のままで、ころがりこんでも、その日から心配ないわけである。

二十人から三十人は、どんなにすくなくても、幸楽の本部の事務室に列をつくって待っている状態なのだ。一日平均で、三百人からの若い女性が、本部の詮衡《せんこう》室につめかけてきた。若い女性——

そう、たしかに、募集の看板をみて二十五歳くらいまでの女性が足を運んではきたが、おそらく若さを充分にもちこたえたと思われる者は、いなかった。ほとんど、みんなが、くたびれた様子であった。だれもが怒っているような顔に見えた。腹がへっていると、人間は怒りっぽくなるなんていわれるが……。

詮衡室で、慰安担当の幹部が、仕事の内容を説明するのだった。説明するというよりは、言いふくめて念をおすのであろうか」〔同前、三七ページ〕

前出の磯村英一は、「慰安所」の募集に多くの女性が集まった事情を、「それには今日から考えると二つの理由があった。一つは食べ物がなく兵隊の投げ捨てるチョコレートでも身を投げ出すという傾向。二つには軍隊が世話をしてくれるのだから衛生上のことは安全だということ」〔磯村1995、五三ページ〕があったのではないかと記述している。

『協会沿革誌』によると、一八四五年八月二八日の認可と同時に、第一号「慰安」所「小町園」を皮切りに多くの「慰安」施設を開所している。また、協会沿革誌でRAAの中枢にいた坂口は、女性を占領軍の性のはけ口にしている事実を、傍観者の如きに記述している。筆者は、憤りを禁じ得ない。

「R・A・A協会が、その使命を忠実に達成する為、真先に開業したのは慰安所である。海に陸に、はた空に、赫々《かくかく》たる武勲をたてた進駐軍将兵にとって、何よりも先ず慰安すべき面はセックスの満足であった。そこで何は兎《と》もあれ、京濱地区で小町園を皮切りに慰安所を設け、楽々、花月、仙楽、見晴、波満川、いく稲、やなぎ、乙女、清楽、日の家等を逐次開店する運びとなった。さて蓋をあけてみると、気の荒い面々、沙漠にオアシスを見つけた如く、欣々然と行列を作り彼女等に肉薄していったのは、けだし天下の壮観であった」〔坂口1948、二二ページ〕

ＲＡＡは、最終的に三九カ所の「慰安」施設を中心にキャバレー、ホテルを擁する巨大な性産業会社を築いた（表1―1）。そのうち一一カ所が大森海岸（大井海岸町、大井鈴ヶ森町）沿いに展開されているが、これは偶然ではない。占領軍のランチ大佐率いる先遣大部隊が一九四五年八月二八日に厚木飛行場に着陸し、同日占領軍により接収され、現在までアメリカ海軍厚木航空施設および海上自衛隊厚木航空基地として使用されている。当時、厚木基地は首都防衛の要であり、占領軍もその点を十分理解し接収し、同基地を起点に占領軍を送り込んだ。同基地は、神奈川県綾瀬市と大和市にまたがり、東京に入るには横浜を経て京浜国道（現在の第一京浜道路）を北上するルートとなり、大森海岸を必ず通ることとなる（資料1―8）。この点に着目した警視庁とＲＡＡは、同地の鈴ヶ森町に第一号店として「小町園」を開店した。この点は、警視庁大竹も、ＲＡＡ情報課長鏑木も同様の趣旨の指摘を行っている。

「横浜から来るのだから、大森、蒲田方面がよかろう。あの辺で先ず店開きをしろ！というので、大森の大きな料理屋に目をつけた。白羽の矢が立ったのが、小町園である」〔大竹1952、六九〜七〇ページ〕

「京浜地区に慰安所の主力をおいたのは、進駐軍が主として京浜地区を通って東京に入って来るというので、京浜地区にまず〝セックスの防波堤〟をつくって、彼等の直接的な勢力を阻止しようとの狙いであった」〔鏑木1972、二二ページ〕

『協会沿革誌』では、八月二八日午前九時、理事全員が宮城前に集合し、宣誓式を行い、その日の内に慰安所第一号店「小町園」が開店したとしている〔坂口1948、二ページ〕。同日午後には最初の客が入ったとされるが、ノンフィクション作家のドウス昌代はその事情を以下のように推察している。

「小町園にはじめて米兵が乗り込んだのは八月二十八日午後三時のことだ。大森捕虜収容所から重体の米兵捕虜を救出した、第三艦隊の一行だったのではないだろうか。収容所と小町園は同じ大森の近接した距離にあった」〔ドウス1995、六九ページ〕

大森捕虜収容所は、正式には「東京俘虜《ふりよ》収容所」（資料1―8）と称し、一九四二年九月二五日開

表１—１　RAA 営業所名称及び所在地

	営業所名称（当時）	所在地（当時）
1	小町園・楽々（慰安）	東京都品川区大井鈴ヶ森町[redacted]
2	福生営業所（慰安）	東京都西多摩郡福生町福生[redacted]
3	調布園（慰安）	東京都北多摩郡調布町下石原八幡通[redacted]
4	[redacted]屋	東京都中央区銀座[redacted]
5	[redacted]ビアホール	東京都中央区銀座[redacted]
6	[redacted]會館（慰安）	東京都品川区大井海岸町[redacted]
7	河庄（慰安）	東京都品川区大井海岸町[redacted]
8	キャバレー富士（慰安）	東京都立川市富士見町[redacted]
9	花月（慰安）	東京都品川区大井海岸町[redacted]
10	見晴（慰安）	東京都品川区大井鈴ヶ森町[redacted]
11	花家	東京都中央区日本橋人形町[redacted]
12	楽々ハウス（慰安）	東京都西多摩郡三田村字石利
13	波満川（慰安）	東京都品川区大井海岸町[redacted]
14	銀座ビリヤード	東京都中央区銀座西[redacted]
15	ニューキャッスル（慰安）	東京都北多摩郡三鷹町連雀[redacted]
16	[redacted]（慰安）	東京都墨田区寺島町[redacted]
17	耕一路	東京都中央区銀座西[redacted]
18	蜂乃喜（慰安）	東京都品川区大井海岸町[redacted]
19	オアシス・オブ・ギンザ	東京都中央区銀座[redacted]
20	やなぎ（慰安）	東京都品川区大井鈴ヶ森町[redacted]

21	蓬莱鶴（慰安）	千葉県市川市市川新田宮脇[redacted]
22	乙女（慰安）	東京都品川区大井町海岸[redacted]
23	R・A・Aクラブ（慰安）	東京都世田谷区若林町[redacted]
24	パラマウント（慰安）	東京都港区高輪南町[redacted]
25	クラブ・エデン	東京都中央区木挽町[redacted]
26	[redacted]館	東京都北区赤羽町[redacted]
27	[redacted]館（慰安）	静岡県熱海市櫻澤[redacted]
28	清楽（慰安）	東京都品川区大井海岸町[redacted]
29	[redacted]閣	静岡県熱海市熱海八幡山[redacted]
30	日の家	東京都品川区大井海岸町[redacted]
31	[redacted]館（慰安）	静岡県熱海市本町[redacted]
32	[redacted]ホテル（慰安）	神奈川県足柄下郡宮城野村白山[redacted]
33	[redacted]	東京都中央区築地[redacted]
34	[redacted]	静岡県熱海市本町[redacted]
35	上野観光閣	東京都台東区池之端仲町[redacted]
36	ビヤホール立川	東京都立川市曙町[redacted]
37	R・A・Aビヤホール	東京都中央区銀座[redacted]
38	中野営業所	東京都中野区上高田[redacted]
39	新味	東京都中央区銀座[redacted]

出典：『R・A・A協会沿革誌』p23-50より筆者作成。「慰安」施設には（慰安）と付記した。なお、倫理的観点から、現在も同じ名称で営業を継続している店舗（飲食店、風俗店、旅館等）は、該当する名称を黒塗りとした。ただし、同名称であっても関連性がなく偶然同じ名称の場合は、そのまま記載した。また、全ての営業所所在地の詳細番地も黒塗りとした

資料1—8　大森海岸及び東京俘虜収容所航空写真

出典：国土地理院航空写真「USA-M58-A-6-135」1946年2月28日米軍撮影

設。当初は品川区東品川の京浜運河建設事務所を流用していたが、一九四三年七月二〇日に、現在の平和島、当時の大森新井町の東京第二埋立地に建設された。終戦時収容人員は六〇六人、内訳はアメリカ人四三七人、イギリス人一一五人、オランダ人二八人、その他二六人であった。

H・スタッセン中佐率いる海軍兵士が、同収容所の重傷者救出後、すぐ近くにある「小町園」に最初の客として入店した可能性は否定できない。ただし、これらの「慰安」施設に最初に訪れた兵士が誰であったのかは、確たる資料は現存していない。また、同二九日には多くの占領軍兵士が小町園に群がっていたことから、前日の海兵隊員が「慰安」施設「小町園」の情報を知らせたのかもしれない。

大竹、鏑木、橋本の手記から、開業日以降の小町園の客入りの様子を窺うことができる。

「二八日の兵隊が引揚げて、話をしたからであろう。二九日からは訪客が俄然《がぜん》増えて来た。門前市をなすというか、列を作っている。

三〇日になると、もう手がつけられなくなって、応援頼むの急報が銀座本部へ飛ぶ始末となった」〈大竹1952、七〇ページ〉

「はやくも大森小町園から電話で、小町園に多勢の進駐軍兵士が殺到して、玄関先から京浜国道に向かって延々と行列となり、その数四、五百名、早くオープンせよと大変な騒ぎで、いまMPに来てもらって何とかおさめているが、すぐにオープンして良いかとの問い合わせである。（中略）

到着して各地に分散進行中と思いきや、このありさまでびっくりして、これらの兵隊はどこの部隊であろうかとMPに尋ねたところ、これらの兵隊は早朝、鶴見、川崎地区に入った陸軍部隊の兵士で、すでにSSO（ソーシャル・サービス・オフィス、これはGHQの中の「慰安」方面を扱うセクション）の通達で、RAAの慰安施設を知って、直ちにゲイシャ・ガールを抱けるというので、馳せ参じた連中だということであった」〈鏑木1972、二六〜二七ページ〉

「八月三十日の『小町園』では、兵隊たちが、ひきもきらず押しかけてきて、早くも収拾のつかないような混雑が起きていた。（中略）

銀座幸楽で説得した第一回の慰安婦三十名は、前歴のない未経験者ばかりで、この組が、まず小町園に送りこまれたが、三十日には、さらに増員して、およそ百名をこえていた。おしかけてくる兵隊たちの相手にだされ、はじめて逃げだすものがあらわれた」（橋本1958、五一ページ）

三人の手記は、異常なまでに女性を貪《むさぼ》る占領軍兵士の姿を描いているが、日本で最初に彼らの「慰安」に供された女性の多くが「前歴のない未経験者ばかり」であったと記されていることに、占領軍「慰安」政策の大いなる矛盾がある。

一九四五年九月四日内務省は、「婦女子強姦予防」のために「米兵慰安所を急設」せよと各都道府県警察に通牒し、当時警視総監であった坂は、「進駐軍から日本の婦人を守る〝防波堤〟」（坂1963、一七〇ページ）として「慰安」所の設置を求めた。しかし、その「慰安」施設で働く女性の多くが一般女性であったことを考えると、「婦女子を守る」との美名を冠して、やっていたことは結局、男社会の目線で治安管理をしようとしただけであった。

注

◆1　この点は、2章において詳述する。

◆2　坂信弥は、警視総監再任当時四六歳。山口県生まれ、一九二四年東大独法科卒業後、内務省に入局。鹿児島県警察部長、埼玉県警察部長、上海領事兼警察部長。一九四四年七月〜一九四五年四月まで五二代警視総監を務めた。一九四五年八月一七日警視総監に再任、一九四五年一〇月に辞任し退官。その後一九五八年一一月から一九六四年一〇月まで大商証券社長を務めた。

◆3　外務省は、「『南京事件』に対して、日本政府はどのように考えていますか」において、「日本政府としては、日本軍の南京入城（1937年）後、非戦闘員の殺害や略奪行為等があったことは否定できないと考えています」との見解を示している。https://www.mofa.go.jp/mofaj/area/taisen/qa/index.html　最終閲覧日二〇二一年八月一五日。

◆4　内務省外事一九四五年八月三一日、国立公文書館、返還文書、レファレンスコード：A06030038600。その後、「米兵ノ不法行為」、「連合国将兵ノ不法行為」と記され、頻繁に政府に報告されている。

◆5　RAA発足当時から同協会総務部庶務課長を務めていた坂口勇造が、RAAが一九四八年四月にその使命を終え、同年五月より日本観光企業株式会社（NKK）に改組するにあたって、それまでの沿革を忠実に記録したもの。編集後記では、「この沿革誌は、R・A・Aが国家の至高要請に則って、只管進駐軍将兵の為にRecreationとAmusementを提供するために生れ、育ち、そしてその天與の大使命を完全に果し、昭和二十四年菖蒲花咲く五月一切をアウフヘーベンして日本観光企業株式会社（N・K・K）という弁証法的発展をする迄の、ありのままの『ザイン』を忠実に記録したもの」としている。

◆6　警視庁の認可は、協会沿革誌によると八月二八日〔坂口1948、二ページ〕だが、労働省婦人少年局の年表では、八月二九日となっている〔労働省1952、二ページ〕。

◆7　磯村英一は、東京大学を卒業後東京府（当時）職員となり、一九四三年七月一日の東京都制施行と同時に渋谷区長に就任し、その後一九四五年一二月「東京都渉外部長」を命ぜられ、占領軍との交渉を任された。その後一九五三年に都庁を退職し、研究者の道を歩む。後に東洋大学学長となった。

◆8　与謝野光の父は、歌人で慶應大学教授を務めた与謝野寛（鉄幹）、母は同じく歌人の与謝野晶子。光は慶應義塾大学医学部を卒業後医師となり、四谷鍼灸学院で学長を務めた。その間、一九三五年にロックフェラー財団の招きでジョンズ・ホプキンス大学に留学。一九四五年より東京都民生局予防係長、一九四六年四月より一九五二年三月まで東京都民生局予防部長。一九五二年四月から一九五六年三月まで東京都衛生局長を歴任。

◆9　協会沿革誌「目論見書　四、企業内容　3、慰安部門　第一部芸妓　第二部娼妓　第三部酌婦　第四部ダンサー・女給　5000人」と記述されている〔坂口1948、五ページ〕。

◆10　鏑木清一は、戦前には陸軍報道班員を務めていた。終戦と同時にRAA情報課長となり、広報を一手に担当。戦後、文芸春秋編集社を経て、日本映画ニュース社社長に就任していた。

引用文献

・ドウス昌代1995『敗者の贈物　特殊慰安施設RAAをめぐる占領史の側面』講談社、一九九五年。
・福田利子1993『吉原はこんな所でございました――廓の女たちの昭和史』社会思想社、一九九三年。
・外務省1993「慰安婦関係調査結果発表に関する河野内閣官房長官談話（一九九三年八月四日）」https://www.mofa.go.jp/mofaj/area/taisen/kono.html　最終閲覧日二〇二一年八月一三日。
・外務省2021「国際社会における慰安婦問題の取扱い（二〇二一年七月一三日）」https://www.mofa.go.jp/mofaj/area/taisen/qa/　最終閲覧日二〇二一年八月一三日。
・五島勉1953『続日本の貞操』蒼樹社、一九五三年。
・橋本嘉夫1958『百億円の売春市場』彩光新社、一九五八年。
・秦郁彦1999『慰安婦と戦場の性』新潮社、一九九九年。
・磯村英一1995『終戦五十年の秘話』明石書店、一九九五年。
・自治大学校史料編集室1960『山崎内務大臣時代を語る座談会』丸善、一九六〇年、天川晃・田口一博編『戦後自治史関係資料集（DVD-ROM版）第1集（地方制度改革）第1部』丸善、二〇〇〇年、所収。
・鏑木清一1972『秘録進駐軍慰安作戦――昭和のお吉たち』番町書房、一九七二年。
・神崎清1954『戦後日本の売春問題』社会書房、一九五四年。
・大竹豊後1952「肉体の防波堤　昭和の唐人お吉」『ダイヤモンド』ダイヤモンド社、四〇巻一七号、一九五二年。
・大山正1987「文書を全部焼く」、大霞会『続内務省外史』地方財務協会、一九八七年。
・労働省1952『婦人関係資料シリーズ　一般資料第一七号　売春に関する資料　売春関係年表と文献目録』一九五二年。
・労働省1953『婦人関係資料シリーズ　一般資料第二二号　売春に関する資料』一九五三年。
・労働省1955『婦人関係資料シリーズ　一般資料第三一号　売春に関する資料　改訂版』一九五五年。
・坂口勇造1948『R・A・A協会沿革誌』特殊慰安施設協会、一九四八年。
・坂信弥1963『私の履歴書　第十八集』日本経済新聞社、一九六三年。
・坂信弥1987「慰安施設の準備」、大霞会『続内務省外史』地方財務協会、一九八七年。
・参議院1996「第一三八国会参議院決算委員会閉会後第三号一九九六年一一月二六日、国会会議録検索システム」https://kokkai.ndl.go.jp/#/detail?minId=113814103X00319961126&spkNum=194　最終閲覧日　二〇二一年八月一三日。
・参議院1998「答弁書第一一号内閣参質一四三第一一号一九九八年一一月一〇日」https://www.sangiin.go.jp/japanese/joho1/kousei/syuisyo/143/touh/t143011.htm　最終閲覧日二〇二一年六月一五日。
・与謝野光1990「敗戦秘話・『占領軍慰安』備忘録」、『新潮45』新潮社、第九巻第五号、一九九〇年。

第２章　特殊「慰安」施設の資金調達と各都道府県の動向

一　RAAの資金調達

資料2―1は、師岡宏次の写真集『銀座残像』〔師岡1982、一二七ページ〕の一コマである。1章でも紹介したが、RAAは、協会設立直後から新聞全国紙、地方紙も含めてたびたび大掛かりな従業員募集宣伝を行っているし、また、銀座の町中に縦二・五メートル、横六メートルもある巨大看板（資料2―1）を設置し、銀座松坂屋デパートに設置されたオアシス・オブ・ギンザの入り口にも看板が掲げられた（資料2―2）ことからも、相当潤沢な資金があったことが窺《うかが》える。資料2―3は、RAA（特殊慰安施設協会）事務所本部が写った数少ない写真である。

また、早くも終戦後二カ月足らずで、米紙ニューヨークタイムズ一九四五年一〇月一日付紙面には、「東京では、乾杯！の声が聞かれるように」とのタイトルで、日本人女性が占領軍兵士とビールを交わす写真が掲載された（資料2―4）。その本文では、「アメリカ占領軍のために、RAAが東京銀座にクラブを開設」と記されている。この記事に添付されている写真は、一九四五年一一月二日に開設されたオアシス・オブ・ギンザではなく、同年九月一七日に開設された千疋屋キャバレー（銀座八丁目）か、あるいはエビスビアホール（銀座七丁目）と推察される（記事の一〇月一日時

資料2—1　RAAの宣伝看板

出典：師岡宏次『銀座残像』p127。銀座中心街にそびえるRAAオアシス・オブ・ギンザの巨大看板。「OPENING SOON」との文言が見えることから、開業少し前（協会沿革史によれば、開業は1945年11月2日）の時期と思われる。米軍水兵2人が看板前を歩いている。看板のすぐ前を歩く人（一番左に写っている人物）の帽子の上に「RAA」の文字がうっすらと確認できる

点では、オアシス・オブ・ギンザはまだ開所していなかったので、既に銀座で開所していた千疋屋かエビスしかない）。

さて、RAA資金に関しては『協会沿革誌』の「借款と出資」の項目に、その一端を見ることができる。「昭和二十年九月五日其《そ》の筋の斡旋《あっせん》により、株式会社日本勧業銀行と手形基本契約証書を以《も》って契約し、翌六日金三千萬圓を借受けた。（中略）一月十日に勧銀より参百萬圓を借受けて、各方面に於ける諸設備の買収及其の他に充てる事にした」（坂口1948、一〇ページ）◆[1]と、開所当時、日本勧業銀行より三三〇〇万円を借り受けていたとしている。現在

資料2―2　オアシス・オブ・ギンザの入口看板

出典：水島吉隆『写真で読む昭和史　占領下の日本』p27。オアシス・オブ・ギンザは銀座松坂屋百貨店にあった。その入り口看板。左下に「RAA」の文字が確認できる

資料2―3　RAA本部事務所

出典：三根生久大『記録写真終戦直後（上)』p186～187。1920年10月21日撮影。写真左側には「特殊慰安施設協會事務所」、右側には占領軍兵士、写真中央には、「ダンサー若干名、女給若干名」の文字

の金額に換算すると約七〇億円～一四〇億円の融資となり、終戦まもない混乱期であることを考えても異常な融資額である。[◆2] 政府の後ろ盾がない限り、これだけの巨額融資は不可能であろうと思われる。『協会沿革誌』が述べている「其の筋の斡旋」とは、「政府関係者」を指すと考えられる。

ちなみに、一九四五年の国家予算歳出総額は約二一四億九六一九万円、教育文化費歳出約九億六

六二一万円〔大蔵省昭和財政史編集室1965、二六七～二六八ページ〕であった。

終戦当時警視総監の坂信弥は、RAAの資金調達に、当時の内務省警保局経済保安課長・池田清志◆3が関わったと回顧している。時期は、慰安関係業者が腹案を持ち寄った一九四五年八月二三日前後と考えられる。

「（内務省警保局）経済保安部長の池田清志君が、いくらでも応援するといった。まず資金がいるという。四千万ほどいると。家を買ったり人を集めたりしなくちゃいかんから。一番金目のものは、向島の大倉別邸なんか買ったのです。そういった金が当時で四千万です。それで、勧業銀行にいって、俺が保証するから四千万出せといった。すぐ承知してくれた」〔坂1987、三一〇ページ〕

資料2―4　RAAのクラブの様子

'HERE'S HOW' IS NOW HEARD IN TOKYO
New York Times (1923-Current file); Oct 1, 1945;
ProQuest Historical Newspapers: The New York Times with Index
pg. 6

'HERE'S HOW' IS NOW HEARD IN TOKYO

A Japanese girl hands a glass of beer to Pfc. Roy Peek, Henagar Ala., while Sgt. John T. Bruce, Longworth, Tex., waits to join him a the club opened in the capital's Ginza district by the Recreation Amusement Association for American occupation troops. Associated Press

出典：ニューヨークタイムス1945年10月1日付

また、RAA情報課長であった鏑木清一は、手記『秘録進駐軍慰安作戦――昭和のお吉たち』[4]で、内務省警保局経済保安課長・池田清志ではなく当時大蔵省主計局長池田勇人が融資を約束したと綴っている。

「資本金は政府から一億円の融資を受けることとなった。

この融資金はあの時の大蔵省主計局長池田勇人氏（後の総理大臣）がポンと胸を叩いて保証約束してくれたもので、このとき、融資について大蔵省に交渉に行ったのは野本源次郎、大竹広吉の両氏である。

まず池田局長から『金はいくらいるのだ』と聞かれた。するど野本氏が指を二本出して大竹氏の顔をみた。野本氏は二千万円のつもりで指を二本出したのを大竹氏は二百万円と思い『二百万円ほど?』と答えた。すると池田局長は『二百万円かね。そんな少額ではとうてい足りまい、たとえ一億円かかっても、それで女性の貞操が守られるのならば安いものだ』と、融資を快諾してくれた」

〔鏑木1972、一六ページ〕

また、毎日新聞ニューヨーク支局長も務め、後に『戦後秘史』（全一〇巻）をまとめた大森実は、RAAの資金調達に関し当時の関係者に取材し、やはり池田勇人の関与を指摘している。

「ＲＡＡの資本金は一億円であった。業者が現物出資で五千万円を出し、政府が五千万円を保証した。料亭嵯峨野の主人、野本源治郎は、政商タイプの男で、愛宕下の料亭に大蔵省主税局長だった池田勇人や、その部下の前尾繁三郎がよく通っていたコネを通じ、池田勇人に融資を依頼した。池田勇人が、指五本を出して引き受けたので、五百万円だと思った所、池田勇人は勧業銀行頭取の西田太郎宛に五千万円の紹介状を書いた。業者は勧業銀行から第一回融資として三千万円を無担保で引きだした」〔大森１９７６、一四九ページ〕

その他の文献でも、融資金額には幾分の相違があるが、これは、占領軍に関して占領期にはプレス・コードが存在し自由に書くことができず、占領終了後に記憶をたどり書いていることから起こったミスだと考えられる。また、複数の文献では日本勧業銀行からの融資に、大蔵省主計局長池田勇人が中心的に関わったとしている。◆5 このように政府の財政的後ろ盾の下、ＲＡＡは壮大な性産業コンツェルンを築いたのだといえる。

二　内務省通牒を受けた各都道府県警察（一般行政も含む）の動向

1章二節でも触れたように、内務省・警視庁によるＲＡＡ設置の動きとは別に、占領軍から終戦後直ちに東京都に対して「慰安」施設設置依頼が行われていた。[6]また、各都道府県警察史等より、当時、警察組織を中心に占領軍「慰安」施設設置に動いていたことが浮かび上がってきた。

一九四五年一一月時点での占領軍兵力は、総計四二万五八五九人[7]で、占領軍将兵の進駐が多かった順に神奈川県六万五二一五人、長崎県五万三九七〇人、広島県三万九六〇〇人、東京都三万三八九〇人、愛知県三万二三二〇人、北海道二万二四一人、埼玉県一万八三八五人となっており、旧日本軍の主要軍事施設や軍港のあった都道府県に占領軍が集中していることがわかる（表2―1）。また、長崎県、広島県に多くの占領軍将兵が進駐したのは、原子爆弾の影響、放射線被害の情報収集と研究のためと考えられる。[8]ただ、一九四五年九月には、ＧＨＱ（連合国軍最高司令官総司令部）が新聞などの報道機関を統制するPress Code for Japanを発し、同プレスコードに基づき記事・報道等を検閲し、ＧＨＱ批判、原爆関連記事等は発禁処分となっていた[9]ことから、当時は長崎、広島に多くの占領軍将兵が集中していた理由は明らかにされてはいなかった。

表2―1　1945年11月16日現在の連合国軍進駐状況（内務省調査）

単位：人

都道府県名	進駐兵力	都道府県名	進駐兵力
北海道	20,241	滋賀	1,000
青森	14,122	京都	5,611
岩手	2,826	奈良	2,800
宮城	8,808	和歌山	6,700
秋田	1,650	大阪	11,637
山形	2,000	兵庫	11,255
福島	5,945	鳥取	198
茨城	2,714	島根	943
栃木	5,013	岡山	4,510
群馬	3,746	広島	39,600
埼玉	18,385	山口	4,429
千葉	5,007	香川	800
東京	33,890	愛媛	11,200
神奈川	65,215	徳島	630
新潟	7,318	高知	1,800
長野	1,030	福岡	10,804
山梨	1,713	佐賀	650
静岡	3,693	長崎	53,970
愛知	32,320	大分	310
三重	200	熊本	2,305
岐阜	1,1150	宮崎	2,286
富山	222	鹿児島	4,045
石川	451		
福井	717	合計	425,859

出典：『兵庫県警察史　昭和編』p471より引用

さて、本節では、山梨県、神奈川県、群馬県、埼玉県、兵庫県、新潟県、広島県、長崎県における、占領軍用「慰安」施設の動向に関して、各県警察史を参考に分析したい。

（1） 山梨県下の状況

終戦当時、山梨県警察部長松崎正躬（就任期間：一九四五年一月一五日～一〇月一三日。前職内務事務官）は、富士山麓に日本軍が演習地を抱えていることから、占領軍の進駐の可能性が大きいと考え占領軍「慰安」施設設置に動いたことを明かし、「まさか女郎屋の親父になろうとは」とも語っている。

「山梨は富士山麓という演習地を控えているということであの辺に相当の軍が移駐するという可能性もある。ですから、そういうものに対し慰安所の設備ということが非常に問題になりました。（中略）それで保安課を中心といたしまして、旧歴のある人たちを探しまして、その女性たちに『お国のためだ。ひとつ辛抱してくれないか。もし辛抱してくれるならば、こういう着物も用意しております』ということで、そういう女性たちを泣き落としにかけて集めまして、大月に昔の設備を利用して、慰安所を設置したのであります。私も、まさか女郎屋の親父になろうとは考えてもおりませんでしたけれども。どういうふうに金を取ったらいいのかと金の受け取り方が分かりません。

そこで、当時の知事の中島賢蔵さんなら、その辺のことは詳しいだろうと、どうしましょうと申しましたら、『君、それはワンプッシュ・ワンダラーではどうだろう』ということでやりました。ところが、これは実に現実離れした話で、とてもワンダラーじゃ算盤に合いません。乱暴はするし、物はこわすし、困りますから、せめて時間制に改めたというようなことが今も印象に残っております」（松崎1987、三三一ページ）

（2）神奈川県下の状況

内務省保衛局長通牒により占領軍「慰安」施設を設置

『神奈川県警察史　下巻』には、占領軍「慰安」施設設置に関する経緯、及び実施状況も克明に記されている。

占領軍「慰安」施設設置のきっかけを「戦争が終結し、多くの連合国将兵が日本に進駐することになったときもっとも大きな問題となったのは、いかにして善良な婦女子を守る」（神奈川県警察史編さん委員会1974、三四六ページ）かだとし、「政府は清純な婦女子をこの危険から守るための具体策として、進駐軍専用の特殊慰安施設を設けることを決定し、八月一八日『警保局長通達』（無電）をもって、全国都道府県に対し〝進駐軍特殊慰安施設整備について用意されたし〟と打電した」（同前、三四六ページ）として、政府からの要請であったことを認めている。

神奈川県警察は、本通牒《つうちょう》を受けて、「警察部保安課が全機能を上げてこの問題に取り組」み（同前、三四六ページ）、「県下でも横須賀方面は戦災から免れていたため、比較的順調に設置がすすめられた。急遽《きゅうきょ》集めた女は約四〇〇名、これが元海軍工廠《こうしょう》工員宿舎ほか数カ所に分けられ、占領軍の上陸を待った」（同前、三四六ページ）とし、政府が頑《かたく》なにその存在すら否定する「通牒」による指令を下に、占領軍「慰安」施設が設置されたことが地方警察文書から窺える。

当時の横須賀警察署長・山本圀士は、安浦の娼妓組合の女性を前に、占領軍「慰安」に努めてくれるよう懇願したと語っている。

「八月一七日、私は次席の松尾久一さん（のち小田原署長）と安浦の慰安所に行き彼女らの前に立ちました。〝昨日まではアメリカと戦えと言っていた私が、今みなさんの前に立ってこんなことを言うのは全くたまらない気持ちです。戦争に負けたいま、ここに上陸してくる米兵の気持ちを皆さんの力でやわらげていただきたいのです。このことが敗戦後の日本の平和に寄与するものと考えていただき、そこに生甲斐を見出してもらいたいのです〟――私は話しているうちに胸がつまり、いくたびか言葉が切れました」（同前、三四七ページ）

山本の記憶が正しければ、内務省からの通牒が無電で送信される一日前には、神奈川県では占領軍慰安施設設置に動いていたことになる。もちろん、占領軍が、最初に降り立つのが神奈川県の厚木基地や横須賀港であることが伝えられていたことを勘案すると、事実であろう。

しかし、当時、一般的に言われたことなのだろうが、一般婦女子を守るために、横須賀警察署長が娼妓達に「米兵の気持ちを皆さんの力でやわらげていただきたい」とは、一般婦女子には含まないとの発想なのだろうか。◆10江戸期以降の公娼制度の下で経済的理由により身売り（人身売買）され、娼家に奉公に出されることもしばしばあった女性達への差別意識が残っていることを示す証言といえよう。

安中進の研究によると、一九三五年当時、東京都の娼妓数（私娼も含む）は九二五〇人で、そのうち東北六県出身者が四六九三人（青森六一五人、秋田一〇五一人、岩手一四四人、山形一四八六人、宮城六三七人、福島七六〇人）と約半数を占め、東北出身娼妓と娘の身売りの代替変数として分析できるとされている（安中進2016、三〜五ページ）。また、安中は、「芸娼妓酌婦紹介業に関する調査◆11（一九二六年）」を引用し、娼妓となった理由は、「貧困なる家計補助のため」四二・三九パーセント、「前借金整理並に家計補助のため」五四・四三パーセント、「自己生計困難のため」三・一八パーセントと経済的理由がほとんどだとしている。

「慰安婦」の確保と「慰安」施設設置状況

神奈川県警察では、占領軍「慰安婦」を公・私娼や芸妓等から優先的に確保しようと考えていたが、その頃、戦時中の米軍の激しい空襲により焼け出された女性は、郷里や親戚を頼り横浜を離れている者が多く「慰安婦」の募集が思うようにいかないことから（神奈川県警察史編さん委員会1974、三四九ページ）、「鉄道各駅に連絡し、公務乗車証明書および募集人の身分証明書を発給して優先的に婦女勧誘員の乗車ができるように便宜をはかった。さらに住所の異動申告の手続のすまないまま応募してきた者に対しては、手続終了までの間、とりあえず警察の応急米を支給するなど、あらゆる便宜措置が講じられた」（同前、三四九ページ）と、警察は、「慰安婦」募集人（＝婦女勧誘員）へ便宜をはかり、「慰安婦」に応募した女性への食事の提供等、積極的に関わり「慰安婦」を確保した。

また、当時神奈川県警察保安課次席警部・深川六郎（後に川崎警察署長を務めた）は、警察が衣類等の斡旋も行っていたことを証言している。

「そういう女たちに与える衣類や寝具それに化粧品など何一つない時代で、これを県の方に交渉してみな準備したわけですけれども、そういう仕事も全部保安課が中心となりやったわけです」（同前、三五三ページ）

さらに、「慰安」施設の設置に関しても警察が娼妓組合等を集め指示を出していたことが以下の文章からも理解できる。横浜市における「慰安」所設置は、従来の該当地域や業態を考慮し、戦前にチャブ屋◆12のあった中区石川町大丸谷から本牧小港を結ぶ辺りに仮設すべく準備を行ったが、戦災により使用できる建物が少なく諦め、「急遽、関係業者を集めて検討した結果、業者を一定の営業場所に集めて協同で開業することを決め、（中略）大丸谷、大久保などで選定され営業」（同前、三五〇ページ）したとしている。

しかし、これらの「限られた慰安施設だけでは、性に飢えた進駐軍兵士たちを収容しきれず、あぶれた兵士たちは女を求めて街に出、飲食店で遊興を強要したり、あるいは無銭飲食・金品強奪などの不法事案が目立ちはじめ、治安上憂慮すべき事態となった」（同前、三五〇ページ）ことから、「警察はこの事情にかんがみ、先の方針を変更し、各組合の現営業所（大半が戦災後の仮建築）を使用させることとした。そして新規出願者に対しては、従来の工員宿舎などの建物を斡旋し、早急に営業を開始させることとした」（同前、三五一ページ）としている。

元外交官で一九四六年から一九六七年まで二一年間、神奈川県知事を務めた内山岩太郎《いわたろう》は、手記の中で以下のように語っている。

「内山の前任者である藤原孝夫知事の下で、渡辺次郎警察部長らは、終戦と同時に連合軍将兵に婦人を提供する工作と設営を真剣になって進めていた。（中略）警官は田舎に出かけて、経験者の婦人八十八人をかき集め、中区山下町の古いアパート互楽荘で待機させた。警務部の考えでは、一般の婦女子を将兵の乱暴から守る緩衝地帯としたわけだ。八月二十九日に米軍が上陸、翌三十日には互楽荘には何千人という兵が列をなした。ところが互楽荘は一週間で閉鎖となった。女の奪い合いで兵隊同士のけんかが絶えず、無力な日本の警察の手ではとても収拾がつかなかったからだ。横須賀の海軍工廠あとにも、この種の施設ができた」〔内山岩太郎1968、一六〇～一六一ページ〕

一九四五年末、横浜市においては、占領軍「慰安」施設は一七四カ所、「慰安婦」は三五五人〔表2―2〕に達していたが、神奈川県警察史では、「連合軍兵士は娼街に殺到した」〔神奈川県警察史編さん委員会1974、三五五ページ〕状況が描かれている。

また、米海軍が駐留した横須賀市では、横浜市と同程度の「慰安」施設数、「慰安婦」数が配置〔表2―3〕されているが、横須賀占領軍兵士に外出が許可されたのは一九四五年九月一一日以降で、一日に平均約二〇〇〇人の兵士が遊興していた〔同前、三五六ページ〕。

このような神奈川県警察による占領軍「慰安」施設設置を含む風紀対策は、国〔内務省〕や他の府県から大きな評価を得たとされている。終戦当時、神奈川県警察保安課長・降旗節は、以下のように述べている。

「私たちのやった風紀対策は各府県のいわばモデルみたいにみられたんでしょうか。各方面、各府県から来たりして、施設や実施状況というものをそれぞれ案内したりしたこともあります」〔同前、三五二ページ〕

表２—２　横浜市における占領軍「慰安」施設状況（1945年末）

組　合　名	業者数	慰安婦数	営業時間	料金（一回当り）
真金町貸座敷	42カ所	86人	10-17時	15円または1ドル
神奈川貸座敷	2カ所	11人	10-17時	20円または1ドル
大丸谷チャブ屋	10カ所	35人	15-23時	15円または1ドル
曙町私娼町	42カ所	114人	10-17時	15円または1ドル
新天地私娼町	19カ所	30人	11-22時	20円または1ドル
楽天地私娼町	5カ所	14人	11-22時	20円または1ドル
本牧チャブ屋	12カ所	15人	13-20時	20円または1ドル
日本橋芸妓組合	14カ所	20人	10-23時	平座敷1時間20円
入船私娼街	28カ所	30人	9-23時	25円
計	174カ所	355人		

出典：『神奈川県警察史　下巻』p355より筆者加筆の上引用

注：太平洋戦争終結直後の1945年9月、軍用交換相場は1ドル＝15円とされた（現在の円価格に直すと、約200倍として3000円程度）。その後の戦後インフレで、1947年3月に1ドル＝50円、1948年7月に1ドル＝270円、1949年に1ドル＝360円となった

表２—３　横須賀市における占領軍「慰安」施設状況（1945年末）

組　合　名	業者数	慰安婦数	営業時間	料金（一回当り）
安浦保健組合	88カ所	190人	13-17時	10円
皆ケ作保健組合	45カ所	97人	13-17時	10円
芸妓組合	31カ所	71人	13-24時	平座敷1時間20円
計	164カ所	358人		

出典：『神奈川県警察史　下巻』p357より筆者加筆の上引用

資料2―5　「安浦ハウス」（横須賀市）

出典：いのうえせつこ『敗戦秘史　占領軍慰安所』p127。中央には、「Welcome Yasuura House」と確認でき、多くの水兵が列をなしている

また、前出の深川六郎は、降旗と同様のことを記している。

「その頃、内務省に行政警察課というのがあったんですが、そこの人が神奈川県の風俗対策は非常にいいと判断したのか、私どもへくわしい情勢報告をもとめた、その後、各府県から視察にやってきたりしました」（同前、三五三ページ）

筆者は、終戦当時に神奈川県警察幹部にあった者が、占領軍「慰安」所設置を進めたことをこのように誇らしげに語ることに憤りを感じる。降旗は、当時の「慰安婦」の献身を称えながら、占領軍「慰安」施設設置に関して「最善をつくした」と自画自賛もしている。

「私たち警察部保安課のやったことがよかったのかわるかったのかはともかく、日本の一般の婦女子が進駐軍兵士の牙にかからずに済んだというのは、これはこの時の女たちの献身のためとも言えようし、また私たちも、あれはあの時としやむを得なかったことだし、今言ったような意味で最善を尽くしたんだというふうに思っている」（同前、三五二ページ）

占領軍「慰安」施設「安浦ハウス」（資料2―5）の写真が残っているが、多くの占領軍水兵が列を成し「慰安」施設に向かう姿は、戦争がもたらした「仕方のない状況」なのだろうか。この写真は、実は我々すべての者に、戦時ではない平時においても、「女性の人権」、いや「女性」を冠するのではなく「人権」そのものをどのように理解し発展させるのかを問うているのではなかろうか。

（3）　群馬県下の状況

『群馬県警察史』によると、一九四五年九月中旬頃には、群馬県内に占領軍兵士が姿を見せたが、「一部には県内の軍需施設や軍需工場の視察という公務の者もあったが、そのほとんどは着物や日本刀などの買物とか物々交換、あるいは、遊興のための来県」（群馬県警察史編さん委員会1981、二七五ページ）であったとしている。また、『群馬県警察史』には、遊興の目的が「慰安」施設利用であり「性の防波堤」としての役割を果たしたと記されている。

「遊興といえば、連合軍兵士による婦女陵辱《りようじよく》を防止するための施策として、進駐軍将兵のための慰安施設が開設された。本県では終戦直後の八月十八日、内務省から占領軍の進駐に間に合うよう進駐軍将兵用の慰安施設を設置することを指示されたため、翌九月十七日、戦争の終結によって不用となった警防課を保安課と改称し、その事務を保安課に管掌させた。こうして、高崎を皮切りに県内の主要地に進駐軍将兵専用の慰安施設が開設され、性の防波堤としての役割を果たした」〔同前、二七五ページ〕

また、一九四五年一〇月の群馬県警察部事務引継書では、まず占領軍用の「性的慰安施設」設置に重点をおき、その類《たぐい》の休廃業者の復活・新規営業の増加も認める、酌婦等指定の一時緩和、酌婦等紹介手数料を暫定的に引き上げる、酌婦等募集のための旅行を容易にする、酌婦等衣食住の充実を図る、花柳病（性病）予防にも努める等、先進事例と評価された神奈川県警察が実施したのと同様の「慰安婦」及び「慰安」施設の拡充が、群馬県においても警察組織の積極的関与によって実施されたことが記載されている。

「進駐軍ヲ対象トスルモノ
連合軍ノ進駐ニ伴フ慰安施設ハ先ツ性的慰安施設ニ重点ヲ指向シ従来ノ乙種料理店ノ整備拡充ニ努メッツアリ之ガ助成方策トシテ

（イ）曾《かつ》テ企業整備其ノ他ニ依ル休廃業者ノ優先復活ヲ認ムルト共ニ新規営業ヲモ或《あ》ル程度ノ増加ヲ認ム

（ロ）従業的酌婦ノ指定ヲ一時緩和シテ其ノ過員ヲ認メ尚之《なおこれ》カ募集ノ為芸娼妓酌婦等紹介業者ノ紹介手数料ヲ暫定的ニ引キ上ゲヲ行ヒ且《かつ》鉄道当局ト折衝シテ酌婦募集ノ為ノ旅行ヲ容易ニナラシムル等従業的酌婦拡充ニ関シテ積極的ニ援助シツツアリ

（ハ）従業的酌婦ニ対シ一人一日一合乃至《ないし》一合五勺《しやく》宛ノ飯米ノ加配スルノ外業務用布団及敷布布地浴衣布地、タオル等ノ繊維製品ノ特配及花柳病予防具、予防薬品及塵紙等ヲ特配シテ其ノ助成ニ努メツツアリ」（同前、二七六ページ）

また、群馬県警察史には、県庁内の「連合軍進駐ニ関スル庁内事務分掌表」（同前、二八四ページ）が示されているが、群馬県警察部には一九四五年一〇月時点で、警備課、警務課、刑事課、保安課、労政課、輸送課、経済保安課、勤労課等の八課が存在し、保安課の分掌事務は「慰安施設ニ関スル件」であるとしており、この点だけを見ても当時占領軍の「慰安」問題がいかに重要であったかがわかる。

（4） 埼玉県下の状況

埼玉県では、一九四五年九月一四日の米陸軍第四三師団の熊谷市進駐を皮切りに、朝霞町（現朝霞市）、豊岡町（現入間市）など県下各地への占領軍の進駐が始まり、一九四五年一一月時点で同県における占領軍将兵の数は約一万七〇〇〇人にのぼった（埼玉県史編さん室1987、六四五ページ、小山1990、二八六ページ）。

『新編埼玉県史』では、多くの占領軍将兵の進駐により女性が危害を加えられるのではないかと相当危惧《きぐ》していたことが記述されている。

「米軍進駐にさいして特に懸念されたことは、米兵が一般婦女子に対し危害を加えることであった。関知事は、『警察に内命して県下飲料店の接待婦強化策をとることとした』。こうして各市町村では米軍兵士用の慰安施設が整備されることになった」（埼玉県史編さん室1987、七五ページ）

また同県史は、当時の関知事が占領軍用の「慰安」施設を設置するよう「警察に内命」を発出したのは、独断によるものではなく、国からの指示であったとも記している。

「敗戦からわずか三日後の八月十八日、内務省は、警保局長名で『外国軍駐屯地における慰安施設に関する件』の通牒を発した」〔同前、六四五ページ〕

「こうして内務省の通牒により、全国各地で慰安施設の『整備』がなされていった。埼玉県でも右の通牒を受けて、県、市町村が、特殊飲食業者に協力を要請し、米軍兵士用の慰安施設を整備させた」〔同前、六四五ページ〕

国が存在そのものを否定している内務省警保局長名の通牒（1章で詳述）が、占領軍「慰安」施設設置の端緒であったことは明白である。また、同県史では、通牒に添付されている「整備要項第三、四」も掲載している。

「『性的慰安』を含む、『外国駐屯軍慰安施設』の設置・整備を示したものであった。具体的な指示を与えている『整備要項』から第三・四項を示そう。

三　警察署長は左の営業に付ては積極的に指導を行い整備の急速充実を図るものとする。

性的慰安施設
飲食施設
娯楽場

四　営業に必要なる婦女子は芸妓、公私娼妓、女給、酌婦、常習密売淫犯者等を優先的に之を充

足するものとす」〔同前、六四五〜六四六ページ〕

これらの叙述を勘案すると、少なくとも埼玉県行政府には、「通牒」の写しが存在するはずである。ただ、通牒は「無電」で行われており、現物のコピーではなく、無電を文章に起こしたものであろう。

また、埼玉県史は、内務省の通牒、さらにそれに伴う占領軍「慰安」施設設置に対して以下のように批判している。

「ここに明白に見られるように、占領軍将兵から『一般婦女子』を守るためと称し、一部の女性を『人身御供《ひとみごくう》』『性の防波堤』に供したのである。これは戦前以来の『公娼制度は社会風紀の保持上』必要と考えつづけた内務官僚ならではの発想であった」〔同前、六四六ページ〕

「占領軍将兵に対する、このような姑息とも言うべき『慰安政策』は、かえって、戦後の混乱のなかで、食糧の確保にさえ事欠く家庭の女性たちを結果的に『売春』へと走らせる一つの要因になった」〔同前、六四六ページ〕

さらに埼玉県史では、在日米軍基地周辺で多発する売買春に関して、国や警察が社会風紀の面からのみ捉えており「売春女性の人権に対しては一顧だも払われなかった」〔同前、六四六ページ〕ことに対して痛烈に批判している。

(5) 兵庫県下の状況

一九四五年一一月時点で、兵庫県の占領軍将兵の数は、関西地区においては大阪の一万一六三七人に次いで一万一二五五人と多く、既に同年九月七日には、知事を局長とする渉外事務局を設置している〔兵庫県警察史編さん委員会1975、四六八ページ〕。同年九月二三日には、占領軍警備業務最終調整のため神戸・阪神・明姫間の各署に洲本を加えた関係警察署長会議を開催し、以下の事項を決定している。

「(1)警察官の服装 (略)
(2)立番所の重点配置 (略)
(3)営業用トラック統制を一元化 (略)
(4)特殊慰安施設の運用
生田川以西、三越以東、高架以南の特殊慰安地区に所要施設の設置を急ぐ」〔同前、四六八〜四六九ページ〕

また、同県警察史末尾には警察関係の略年表が付録されているが、一九四五年八月の項には、「内務省から進駐軍人用慰安施設を設けよという指令を受けた」（同前、一〇二七ページ）、また、一九四五年一〇月の項には、「県下四地区で進駐軍人用慰安所が開業した」（同前、一〇二七ページ）と記載されている。

これらのことからも、兵庫県においても内務省の指令に従い警察が積極的に占領軍「慰安」施設設置に動いたことがわかる。

（6） 新潟県下の状況

新潟県においては、一九四五年九月一九日新潟県警察本部が県下警察署長に対し、「連合軍進駐に伴う風紀慰安施設に関する」警察部長通達を発し（新潟県警察史編さん委員会1959、八二六ページ）、「進駐軍に対する性的慰安を目的とする貸座敷・特殊飲食店を急速に設営し、しょうぎ（娼妓）並びに接待婦の充足につとめるよう指示した」（同前、八二六ページ）としている。

新潟県警察の指示により、遊興施設（貸座敷、特殊飲食店、料理屋、待合、芸妓置屋、カフェー、バー、ダンスホール、キャバレー、劇場、映画館など）は急速に再開され、「進駐軍将兵が最大限に利用するところ」（同前、八二六ページ）となったとしている。

また、新潟県警察の調査（表2―4）では、一九四五年一〇月二五日時点で、県下警察署管区に

表2—4　占領軍用「慰安」施設

管轄警察署	特殊飲食店数	接待婦
新　潟	53	150
東新潟	12	33
村　松	9	49
新発田	7	10
三　条	22	37
柏　崎	9	28
高　田	3	17
合　計	115	324

出典：『新潟県警察史』p826～827より加工の上引用。1945年10月25日現在の状況

表2—5　性的「慰安」施設における占領軍遊興状況

管轄警察署	占領軍将兵遊興（延人員数）	実働接待婦数	備　考
新　潟	1,892	120	遊興料金 1回　20円 1時間まで　30円 2時間まで　50円 1泊　200円
東新潟	934	16	
村　松	588	5	
新発田	1,530	20	
三　条	826	25	
柏　崎	792	10	
高　田	5,553	80	
合　計	12,115	276	

出典：『新潟県警察史』p827より加工の上引用。1945年9月26日から10月25日までの1カ月現在の状況

おいて、占領軍用特殊飲食店（性接待所）は合計で一一五カ所、接待婦は三二四人であったとしている。

また同県警察調査では（表2―5）、一九四五年九月二六日から同一〇月二五日までの一カ月間で、性的「慰安」施設における占領軍将兵の遊興延人数は一万二一一五人、その間の接待婦の実働は二七六人であったとしている。この数値から、一カ月で一人の接待婦が約四四人の占領軍将兵を性的に「慰安」したことになる。

このような特殊「慰安」施設は、占領軍にとって大きな問題となった。占領軍の進駐が進むにつれて、①占領軍将兵の性病罹患者が増えてきた、②キリスト教牧師軍属による日本の公娼制度が女性の人権を蹂躙《じゅうりん》しているとの告発、③本国でのメディアによる将兵の日本での特殊「慰安」施設での遊興報道、などにより、占領軍は日本の公娼制度廃止を決めたが、それに先立ち一九四五年一二月一六日には、占領軍将兵の特殊「慰安」施設への立ち入りを禁止（off limits）した。その後、GHQは一九四六年一月二一日、日本政府に対して「日本における公娼の廃止に関する覚書」を発出している。しかし、占領軍による買春はなくなることはなかった。

事実、新潟県警察史は、接待婦たちが「そのまま存続して進駐軍将兵に接した」（同前、八二七ページ）と記している。

（7）広島県下の状況

終戦の一九四五年一一月一六日における広島県における占領軍の進駐状況がきわめて大規模なものであったことは、表2―1からも窺える。主要な軍事施設が置かれた地域は、占領軍の規模が大きい傾向にあり、広島県は三万九六〇〇人で、神奈川県、長崎県についで多かった。

同年九月一〇日GHQは、占領軍進駐日程を発表し、広島県呉市においては一〇月三日とした。九月一三日には、中国地方総監督府等は占領軍進駐に備えて「連合軍交渉連絡員会」を設置し、九月一九日には、「連合国軍の広島県内進駐に伴う各般の対象を審議し、これが迅速果敢な実行を図るため」（広島県警察史編纂《へんさん》委員会1954、八六七ページ）とし、広島県庁に「広島県連合国軍進駐対策本部」が設置された。本部には七部門が置かれ、「保安部」では「慰安施設ニ関スル事項」を分掌するとしており（同前、八六七ページ）、広島県においても占領軍向けの「慰安」施設は重要な課題であったことが窺える。

その点は、広島県連合国軍進駐対策本部が設置されて以来、警察署長、地方事務所長、県渉外関係等との打ち合わせを頻繁に開催し、そこでの主要な議題に「連合軍の特殊慰安施設設置に関する問題」（同前、八六九ページ）が挙がっていたことからも理解できる。

広島県における占領軍用特殊「慰安」協会設置のきっかけ

『新編廣島県警察史』でも、一九四五年九月以降「県自体においても、婦女子の保護対策として、芸娼妓中から特志者を募って慰安隊を組織する等の措置を講じていた」〔同前、八七一ページ〕としている。

占領軍用「広島県特殊慰安協会」設置の経緯に関しては、同県警察史に六ページにわたり詳述されている。この経緯のきっかけについて、一九四五年八月一八日の内務省「警保局通報があり、直ちに慰安施設の設営に着手した」〔同前、八九〇ページ〕と述べられている。国が存在そのものを公式には認めていない「警保局通牒」の指令をもとに占領軍用「慰安」施設設置が進められたことを、同県警察史は認めている。

県警察や県は占領軍「慰安」施設設置にどう関わったのか

同県警察史では、占領軍「慰安」施設設置には広島県や警察が直接関わったことが克明に記述されている。

広島県は戦時中に原爆投下、数度にわたる空襲を受けており、その結果、広島市のほとんどが焼失、呉市、福山市も甚大な被害を受け、これらの地域における性的「慰安」施設、娯楽施設は壊滅状態であった。

広島県警察は、「先《ま》ず、広島、呉を中心とする貸座敷組合関係者に呼掛け、『連合国軍将兵の進駐を前にして慰安所がないということは、善良な婦女子の保護上重大な問題であるから、民族の保護という観点から早急に慰安所を設置してほしい』旨の申入れを行った」（同前、八九〇ページ）としている。

また、九月上旬には広島県にも占領軍が進駐する可能性があり、広島県は「慰安」施設の急設の費用として「三十六万余円の予算を追加計上」（同前、八九〇ページ）している。同県警察史では、広島県警察が「資金の後楯を得た警察部では、『資金を立て替える。女は警察で募集する、必要物資は警察が斡旋する』等の条件を提示して、貸座敷組合関係者の決意を促した」（同前、八九〇ページ」ことを認めている。

しかし、「善良な婦女子の保護」のために「女は警察で募集する」と、いかにも占領軍による「強姦《ごうかん》（婦女暴行）」から女性を守るかのように、「経験」のある女性、つまり娼妓（娼婦等）を犠牲にすることを厭《いと》わない姿勢は、緊急避難的思想というよりも、日本の家父長制の残滓《ざんし》による女性蔑視・差別が根底にあるといえる。もちろん、公娼制度がその思想を支えたのは事実である。ただ、公娼制度が廃止された現代においても、日本では根強いジェンダー不平等、女性差別が存在している。

「広島県特殊慰安協会」の設立

貸座敷組合は、県からの財政支援、警察による「女性募集」等の条件を勘案し、協議を重ねた上、一九四五年九月二〇日に「広島県特殊慰安施設協会」を設立し、資金五〇万円（広島県融資三〇万円、業者拠出二〇万円）をもとに占領軍用「慰安」施設設置に動いた（同前、八九一ページ）。

同県警察史によると、本「慰安」施設協会の結成目的は、「昭和二十年九月二十日、広島県下における進駐軍に対する慰安施設を一元的に運営するために結成された」（同前、八九一ページ）ものだと明記している。

広島県特殊慰安協会は、占領軍進駐予定地を中心に「先ず船越町に一ヶ所、広町に二ヶ所、吉浦に一ヶ所、厳島に一ヶ所、計五ヶ所の開設に昼夜兼行の工事が進められた」（同前、八九一ページ）としている。また、「慰安婦」の募集に関しては、警察が主体的に「慰安婦募集班」を組織してその任に当たったことが広島県警察史には詳述されている。

「慰安婦の募集は警察が担当することとし、警察部では県下各警察署に指令を発して、九月二十四日頃から募集に着手した。この募集は、県下の警察官を動員して行ったのであるが、警察部では別に慰安婦募集班を組織し、これを県下の貸座敷免許地域、因島、府中、三原、木江、松永等に派遣して要員の獲得に努め全力を挙げて慰安所開設を推進した」（同前、八九一ページ）

また、警察は、「慰安婦」の確保に際し、娼妓、芸妓、酌婦、密売淫常習者（私娼）等に呼びかけたが、「昨日まで敵国人であった者に身を売ることはできない」（同前、八九二ページ）と、女性たちが容易に占領軍「慰安婦」になることを承諾しなかったことから、愛国心を巧みに利用し、また、配給統制品であった食料品の優先給付を条件に、募集から一週間程度で約五〇〇人の「慰安婦」を集め、各慰安所に送ったと記録している。

「『決死隊の覚悟でこの急場を切り開いて欲しい。慰安婦に対しては軍隊同様の給与を保障する。白米は毎日四合、油、牛肉、砂糖等物資の面は充分斡旋する』というような条件を出して説得に努めた。警察の募集が功を奏したのか、決死隊的愛国心をもって慰安婦に応募した五百名に及び（当時県下の芸妓、娼妓、酌婦、密売淫常習者総数は六百三十九名であったから、その大部分が慰安婦として応募したものと思われる）、九月末日までには夫々の場所に送り込み、米軍主力部隊が進駐した十月七日を期して前述した五ヶ所の慰安所を開設した」（同前、八九二ページ）

また、最終的には県や県警察が主導して設置した占領軍用「慰安」施設（因島、府中、三原、木江、松永の五地域）では、七二五人の「慰安婦」を雇用している。さらに、一九四五年一〇月七日開所から同月二〇日までの一三日間で、のべ三万四九〇九人の占領軍将兵が「慰安」を求めて「慰安」施設に来所したと広島県警察史は述べている（同前、八九二ページ）。

平均すると一日あたり約二六八五人の占領軍将兵が「慰安」所を訪れ、二週間で、一人の「慰安婦」が約四八人の占領軍将兵の相手をさせられたことになる。本警察史の出版が、終戦から九年しか経っていないとはいえ、警察が「慰安婦」を積極的に募集し、多くの女性が政策的に占領軍将兵の「慰安」に供されたことを臆面もなく記載することに驚かされるし、また警察が、組織的に行った事実がいかに女性の人権を蹂躙しているのかを理解していなかったことが見て取れる。

さらに、広島県警察史は、占領軍「慰安」施設の設置が「婦女子保護のために大きな役割を果たした」（同前、八九三ページ）と評価している。しかし、「慰安」施設設置により本当に「婦女子保護」が叶《かな》ったのであろうか。五島勉や神崎清は、占領下の日本における占領軍将兵の性的暴行（強姦等）はかなり多いし、記録に残る被害数は、あくまでも「届出数」であり、氷山の一角を示すにとどまっていると指摘している（五島1953、三六ページ、神崎1954、七六〜七七ページ）ことから、「慰安」施設の設置が婦女子を守ったとの評価は、史実を無視した我田引水の見解である。

ただ、同県警察史は、「警察其の他関係官公庁の慰安施設設置に対する助成的態度は、一部婦女子の売淫行為を助長する結果ともなった」（広島県警察史編纂委員会1954、八九三〜八九四ページ）と認めている。具体的には、警察が設置を認めた「慰安」施設周辺では、その施設の「慰安婦」ではない者の売淫行為が増えたと記している。

「既に慰安施設開設後日ならずして進駐基地附近では慰安所以外の場所において進駐軍兵士を相手に売淫行為をする者が現れ、又公娼制度廃止後は、従前の公娼たる慰安婦が元貸座敷に居住して自由営業を継続し、実質的には公娼時代と何らことならない状態を呈し、これらの影響を受けて巷《ちまた》における売春婦が氾濫《はんらん》し、風俗上由由しい問題として取締の掌にある警察を悩ますこととなった」（同前、八九三ページ）

（8）長崎県下の状況

表2―1の連合国軍進駐状況（一九四五年一一月一六日現在の内務省調査）からは、長崎県の占領軍進駐将兵数は神奈川県に次いで多く五万三九七〇人を数え、九州最大の都市福岡県に進駐した将兵の実に五倍近いことがわかる。筆者は、この実態から、『長崎県警察史』にも、占領軍と「慰安」施設に関して詳述されているはずと考えた。しかし、実際には八行しか記述されていないし、そのほとんどは長崎新聞の記事引用であった（長崎県警察史編集委員会1979、一〇〇六ページ）。

同警察史は「このような慰安所、又は特殊料理屋の開放は、当時、進駐軍受入現地の微妙な終戦処理の円滑化を期する手段でもあった」（同前、一〇〇六ページ）と、「慰安」施設設置をある意味肯定的に捉え、女性の人権が蹂躙されたことを「終戦処理の円滑化」との美名の下で曖昧《あいまい》にもしている。他県の警察史が、占領軍将兵用「慰安」施設設置に至る経緯を、国や警察が関与し進めた事実も含め、かなり正確に記述しているのに対して、『長崎県警察史』は、きわめて控えめである。
その理由は不明だが、長崎県において、終戦直後に旧日本軍佐世保基地が米海軍に接収され、その後「米海軍佐世保基地（一部は、海上自衛隊佐世保基地となっている）」となり、同県が米軍に経済的に大きく依存していた事実は無関係といえるだろうか。米軍に忖度《そんたく》し同軍にとって不利な情報は同書に記載しなかった可能性がある。

ちなみに、一九四八年より、長崎県では原爆投下日の八月九日に「平和宣言」が読み上げられているが、第一回目の平和宣言にも、米国への忖度が見受けられる。第一回平和宣言の冒頭は、「わが長崎の地は、世界における原爆の基点として世界戦争に終止符を打った土地であって、この原爆の未曾有の惨禍を一転機として平和な明るい希望がもたらされた」〔長崎市ホームページ２０２１〕となっている。いわゆる通説とされる「原爆が戦争を終わらせた」を肯定しているようにも受け取れる表現である。

長崎県においては、警察や県の公式文献では、警察等が関わり占領軍用「慰安」施設を設置したことは見いだせないが、他の文献からはその点の状況を垣間見ることができる。

例えば、『時事新聞』（かつて、佐世保市に本社を構えた日刊ローカル紙。一九四六年に佐世保時事新聞となり、一九五三年には「九州時事新聞」と改題、一九六一年には「長崎時事新聞」に改題、一九六八年には「長崎新聞」に吸収合併）では、「治安の任にあたる竹下佐世保警察署長の心痛はひどかった『進駐してくれれば市内の婦女子の貞操はそのままではすむまいどうにかしなければ』これが竹下署長ほか県、市当局一致した意見だった（中略）山県町附近だけが焼け残っただけで、家主たちは警察にせがまれて追われる思いで（中略）みな一応立ち退いた」〔九州時事新聞一九五三年一一月二〇日付〕と記されている。

長崎県は、長崎市が原爆で壊滅状態、また軍都であった佐世保市も大空襲で、遊郭のあった地域（勝富遊郭、花園遊郭）も全焼していた。しかし、山県町は奇跡的に消失を免れたことから、警察や行政が目をつけたと思われる。山県町は、戦前から洋風建築やカフェが点在する歓楽街であったことから、「残っていた住民や店舗経営者の強制退去が行われ、『特殊喫茶店舗』と称する売春街が軍人・軍属専用に設置」〔吉田２０１５、六三ページ〕されたとしている。

また、当時の商店関係者によれば、警察や行政からだけではなく、占領軍から「慰安」施設への転換を迫られたとの証言も存在する。

「終戦直後、進駐軍がはいって来て、この職場をダンスホールにするということがあった。この店の二階をアメリカ将兵の慰安と享楽のためにダンスホールにしたいので承知せろ、ということをＭＰからだったなァ、連隊の将校から言われたねェ」〔甲山１９８８〕

＊

本章では、ＲＡＡ設立の経緯、宣伝広報、財政分析から、東京都において国及び警視庁が積極的に関わり占領軍「慰安」施設を設置したこと、また各県の警察が占領軍「慰安」施設設置及び「慰安婦」募集にどのように具体的に関わったのか等を、警察資料を中心に論じた。

　しかし、国は、未だに占領軍「慰安」施設設置等において「国が関与した事実」を認めてはいないし、それらに対する調査も行っていない。敗戦の混乱期であり「仕方ないこと」とし、正確な事実の掘り起こしを忌避していることは深刻な問題といわねばならない。ドイツの元大統領ヴァイツゼッカーは、「過去に目を閉ざす者は結局のところ現在にも盲目となります。非人間的な行為を心に刻もうとしない者は、またそうした危険に陥りやすい」〔ヴァイツゼッカー1995、一八ページ〕と述べた。これはナチスによるユダヤ人虐殺などの犯罪をめぐる言葉だが、より普遍的な人権問題についてもあてはまる見地だといえるだろう。ここから学び、戦後の混乱期の性暴力の背景となった、日本の人権意識の乏しさ、また当時民主主義国家といわれていた米国も同様の状態であったことに向き合うべきである。

　終戦からわずか四カ月しか経過していない一九四五年一二月に、米国のグラフ雑誌『ライフ』一九四五年一二月三日号[◆13]で、東京の暮らし(Life in Tokyo)が特集されている。

　特集記事では占領軍将兵の日常が赤裸々にレポートされ、「女性は沢山いるが、兵士は金欠(Girls are plentiful but money scarce for soldiers)」との見出しで、日本女性を性的「慰安」の対象としてしか見ていない文章と、写真二葉を掲載している(資料2—6)。資料2—6の左の写真には「将兵が芸者タクシーダンサーを奪い合う(チケット一枚二円)」、同ページ右の写真には「日本政府

資料2—6　兵士の東京での生活

GIs MUG WITH DARUMA GEISHA TAXI DANCERS (TICKET: TWO YEN)　A JAP-SPONSORED DANCE IS GIVEN AT "OASIS OF GINZA" HALL

出典：*LIFE* 1945年12月3日号 p108より引用

公認のオアシス・オブ・ギンザではダンスが」とのタイトルが付けられている。[14]

記事では、以下の内容が綴られている。

「兵士にとって、女性をモノにするのは東京では簡単なことだ。例えば、皇居前広場の隣りの日比谷公園に行けば、そんな欲望はすぐに満たせる。彼女等のほとんどは、強欲な芸者、だるま芸者（専ら売春をする芸者）、あるいは売春婦ではなく、家庭から逃げ出したごく普通の女性だ。

彼女たちをモノにするには、ごく簡単な英語を教えたり、チョコレートや果物を贈ったりすれば事足りる。これまでのところ、この方法が日本人男性から恨みを買ったことはないそうだ」（『ライフ』１９４５、一〇八ページ）

注

◆1　日本勧業銀行は一八九六（明治二九）年に、日本勧業銀行法の施行によって、農工業改良のための長期融資銀行として政府により設立されている。戦後一九五〇年に日本勧業銀行法が廃止され、政府系特殊銀行から民間普通銀行に転換した。

◆2　一九四六年公立小学校教員の初任給三〇〇～五〇〇円〔森永卓郎『物価の文化史辞典』展望社〕で、二〇一八年時点で東京都公立学校教員初任給一九万七三〇〇円〔総務省「平成三一年地方公務員給与実態調査結果」〕であることから、約四〇〇倍となる。しかし、終戦期から一九五〇年代まで急激なインフレが襲っており、正確な倍率は不明。一説では二〇〇倍程度ともいわれている。

◆3　一九三一年東京大学卒業と同時に内務省に入省。兵庫県警察部経済保安課長、大阪府警察部経済保安課長、香川県官房長、滋賀県部長・警察部長、警視庁経済警察部長、警保局経済保安課長、同公安課長、大臣官房会計課長などを歴任。その後一九五三年より衆議院議員に転じ、一九七二年一二月引退。在任中、第二次岸内閣で厚生政務次官、第二次池田内閣で大蔵政務次官を務めた。坂の手記では、池田を「経済保安部長」としているが、「経済保安課長」の誤記。

◆4　京都大学卒業後、一九二五年大蔵省に入省。宇都宮税務署長を務めていた一九二九年に難病を発症し休職。その後一九三一年に退職。一九三四年病気が完治し、同一二月玉造税務署長として大蔵省に復職。一九四五年二月に大蔵省主税局長就任。一九四九年政界入り。一九六〇年に首相となる。

◆5　日本勧業銀行からRAAへの融資に関して大蔵省主計局長池田勇人が中心的に関わったことを示す文献は、以下の通りである。小林大治郎・村瀬明『国家売春命令』雄山閣、一九六一年、九・一〇ページ。ドウス昌代『敗者の贈り物　特殊慰安施設RAAをめぐる占領史の側面』講談社、一九九五年、四五ページ。秋尾沙戸子『ワシントンハイツＧＨＱが東京に刻んだ戦後』新潮社、二〇一一年、二五九ページ。大森実『戦後秘史６　禁じられた政治』講談社、一九七六年、一四九ページ。
◆６　磯村英一「終戦五十年の秘話」明石書店、一九九五年、与謝野光「敗戦秘話・『占領軍慰安』備忘録」、『新潮45』新潮社、第九巻第五号、一九九〇年五月、からその一端が窺える。
◆７「昭和二〇年一一月一六日現在の府県別連合軍進駐状況」、兵庫県警察史編さん委員会『兵庫県警察史　昭和編』一九七五年、四七一ページに内務省調査資料として掲載されている。
◆８　この点に関しては、中川利國「占領期における広島原爆傷害研究所の整備と広島の復興について」『広島市公文書館紀要』第二九号、二〇一六年、一五～四四ページに詳しい。
◆９　ＧＨＱは一九四五年九月一九日に、ＳＣＡＰＩＮ―33「日本に与うる新聞遵則」を発令し、新聞等の報道記事は、連合国最高司令官総司令部参謀情報担当Ｇ―２所管下の民間検閲部隊（CCD: Civil Censorship Detachment）より実施された。一九四八年には、ＧＨＱの検閲スタッフ三七〇人、日本人嘱託は五七〇〇人いたとされ、一日五万本以上の記事を検閲していたといわれている。前坂俊之「メディアと検閲」『（新版）メディア学の現在』世界思想社、二〇〇一年。
◆10　このような発想が戦前の日本で公然とまかり通っていたことについてはさまざまな文献から見て取ることができる。たとえば、福田１９９３は、昭和恐慌時に吉原遊郭へ売られてきた女性「ヨシさん」の姿を記している。「誰それは秋田の網元のところに女中奉公に行ったとか、誰それとかは新潟へお女郎さんに行ったとか、友達の噂がしきりに聞こえてくる頃、おヨシさんは役場の掲示板に『娘身売りの場合は当相談所へおいで下さい』という貼紙が出ているのを見つけました。掲示板からはみ出すくらいの、一目で眼につく貼紙でした。ところがそれを両親に言うと、両親はとっくに知っていて『申し訳ないけど、これよりしょうがないから、おまえ、頼む』と頭を下げ、役場の中の相談所ではなく、父親が前からそれとなく聞き知っていた周旋所に出かけました。東北地方では娘さんのいそうな町に周旋所が昔あって、警察の管理下にある周旋人は、〝公周旋人〟と呼ばれていたのでした」〔福田1993、五七ページ〕。役場や警察が公然と女性人身売買を斡旋していたことがわかる。また、福田は、「そのころのことですが、山形県下で、二千人あまりの娘さんが娼妓になり、年ごろの娘さんが村から消えるという、今では考えられないようなことが実際に起こったんです」〔同前、六〇ページ〕とも記している。

◆11　中央職業紹介事務局が、洲崎遊郭の娼妓一六〇二人を対象に「娼妓となれる原因」の調査を行ったもの。その調査結果詳細は、谷川健一『近代民衆の記録3』新人物往来社、一九七一年、三七三～四三八ページに記述あり。ただ、特定の遊郭の娼妓のみの調査であるが、「娼妓数を娘の身売りの代替指標として考えることは妥当」〔安中2016、四ページ〕としている。

◆12　チャブ屋は、一八六〇年頃から一九三〇年代まで、横浜、神戸、函館などで、日本在住の外国人や外国船船員を相手に社交・売春等を行った施設で、「あいまい宿」と俗称された。

◆13　ＬＩＦＥ（『ライフ』）は、一九三六年から二〇〇七年にわたって発行された米国のグラフ雑誌。引用部分の原文は次の通り。

Girls are plentiful but money scarce for soldiers

The GI problem of getting a girl is nowhere more easily solved than in Tokyo. The problem of where to take her is usually solved by going to Hibiya Park, next to the Imperial Palace enclosure. Most of the available girls are neither the haughty geisha nor the daruma geisha hostesses nor prostitutes (imbai) but ordinary girls who have broken away from family controls. The usual routine is to teach the girl a little necessary English and give her something edible, chocolate or fruit. So far there has been no sign of Jap male resentment at this procedure.

◆14　タクシーダンサーは、ダンスホールなどでの有料ダンスパートナーのことで、二〇世紀初頭に米国で登場した。男性客は通常、ダンスチケットを少額で購入後タクシーダンサーにチケットを提示し、その女性と一曲分の時間だけ一緒に踊るシステム。占領軍が進駐し、日本のダンスホールも同様のシステムを導入したが、芸者とは無関係なタクシーダンサーも「芸者タクシーダンサー」と呼ばれた。

引用文献

- 安中進２０１６「『娘の身売り』の要因と変遷」、『現代政治経済研究所ワーキングペーパー』№Ｊ１６０２、早稲田大学現代政治経済研究所、二〇一六年六月。
- 福田利子１９９３『吉原はこんな所でございました』社会思想社、一九九三年。
- 五島勉１９５３『続　日本の貞操』蒼樹社、一九五三年。
- 群馬県警察史編さん委員会１９８１『群馬県警察史　第二巻』群馬県警察本部、一九八一年。
- 広島県警察史編纂委員会１９５４『新編廣島県警察史』広島県警察連絡協議会、一九五四年。
- 兵庫県警察史編さん委員会１９７５『兵庫県警察史　昭和編』兵庫県警察本部、一九七五年。
- いのうえせつこ１９９５『敗戦秘史　占領軍慰安所』新評論、一九九五年。

・九州時事新聞一九五三年一一月二〇日付。
・鏑木清一１９７２『秘録進駐軍慰安作戦——昭和のお吉たち』番町書房、一九七二年。
・神奈川県警察史編さん委員会１９７４『神奈川県警察史　下巻』神奈川県警察本部、一九七四年。
・神崎清１９５４『戦後日本の売春問題』社会書房、一九五四年。
・甲山好治１９８８『佐世保県北の戦後断面史』長崎ジャーナル社、一九八八年。
・小山博也１９９０『埼玉県の百年』山川出版社、一九九〇年。
・松崎正躬１９８７「進駐軍受入れのための慰安所設営」大霞会『続内務省外史』地方財務協会、一九八七年。
・師岡宏次１９８２『銀座残像』日本カメラ社、一九八二年。
・三根生久大１９７４『記録写真終戦直後（上）』光文社、一九七四年。
・水島吉隆２０１０『写真で読む昭和史　占領下の日本』日本経済新聞出版社、二〇一〇年。
・長崎県警察史編集委員会１９７９『長崎県警察史　下巻』長崎県警察本部、一九七九年。
・長崎市ホームページ https://www.city.nagasaki.lg.jp/heiwa/3070000/307100/p036987.html　最終閲覧日二〇二一年一〇月一〇日。
・新潟県警察史編さん委員会１９５９『新潟県警察史』新潟県警察本部、一九五九年。
・大蔵省昭和財政史編集室１９６５『昭和財政史　第一巻』東洋経済新報社、一九六五年。
・大森実１９７６『戦後秘史　六巻』講談社、一九七六年。
・坂信弥１９８７「慰安施設の準備」、大霞会『続内務省外史』地方財務協会、一九八七年。
・坂口勇造１９４８『Ｒ・Ａ・Ａ協会沿革誌』特殊慰安施設協会、一九四八年。

・埼玉県史編さん室１９９１『新編埼玉県史通史編7現代』埼玉県、一九九一年。
・ニューヨーク・タイムズ一九四五年一〇月一日付。
・内山岩太郎１９６８『反骨七十七年　内山岩太郎の人生』神奈川新聞社、一九六八年。
・ヴァイツゼッカー１９９５『ヴァイツゼッカー大統領演説集』岩波書店、一九九五年。
・吉田容子２０１５「敗戦後長崎県佐世保市の歓楽街形成史」、『都市地理学』Vol.10、日本都市地理学会、二〇一五年。
・ライフ一九四五年一二月三日号。

第3章　日本の公娼制度と占領下日本における米軍性政策の展開

1、2章で検討した占領初期の占領軍兵士用「慰安」施設政策は、戦前の日本軍の性政策と米軍の性政策の両面で形成された、いわば日米合作の施策だといえる。また、RAA（特殊慰安施設協会）がオフ・リミッツ（立ち入り禁止）となって以降の日本の性政策においても、米軍の意向が大きく反映されている。この問題は、ややもすると、日本の前近代的家父長制の残滓《ざんし》ゆえの女性差別的政策と見られがちであるが、本章では、占領期以降の日本の性政策に米国の意向が大きく影響していることをさまざまな資料から読み解きたい。

一　日本における近代公娼制度の確立

近世の日本では、一七世紀半ばまでに、江戸、京都、大阪、長崎に幕府公認の遊郭が存在し、その他宿場町、港町、門前町でも公然と性売買が行われていた〔吉見2019、七ページ〕。もちろん、遊郭で働く遊女は、身売りされることが基本で、年季奉公が終わるまでは雇用主に隷属・拘束されていたことから「人身売買・奴隷制」と同様の仕組みであると理解されていた。

しかし、明治維新政府が政治・社会制度を西欧列強諸国にならう過程で、性売買においても西欧に近い制度化を図ろうとした。一八七二（明治五）年一〇月、明治政府が発した芸娼妓解放令（太政官布告第二九五号）がその典型である。一般的に、同解放令は、同年六月に発生した「マリア・ルス号事件」[◆1]を契機として芸娼妓・遊郭制度の見直しにつながったとされていたが、近年の研究では、明治維新当初から、その改正の機運があったとされている〔吉見2019、一五ページ、小谷野2007、一四八〜一四九ページ〕。

日本は、列強諸国との不平等条約を解消するためにも、近代国家・文明国家としての装いを早急に達成する必要があり、人身売買に相当する諸制度を改めようとした。さらに、幕藩体制の中心をなす身分制を解体することこそが、列強諸国に伍すことができる方法と考えたのであろう。

芸娼妓解放令の目的は、遊女等を前貸金（実質的に身代金）により拘束・売買する「人身売買」を改め、新しい公娼制度を構築することにあり、売買春を禁止するものではなかった。娼妓は、遊郭からは解放されたが、遊郭の遊女屋は「貸座敷業者」に鞍替えし、彼女らは自由意志で性売をするために貸座敷を借りる娼妓とされた。いわば、芸娼妓解放令は、性売買を公権力により承認する「近代公娼制度」の確立であったといえる。

芸娼妓解放令が出された一八七二年一〇月、東京府（警視庁）は、同解放令が芸娼妓の人身売買を禁止したものではあるが、性売買を禁止したものではないとして、芸妓娼妓の業をなす者に「鑑札」を渡し公認する旨を国に上申し、具体的な規則等に関し、大蔵省・司法省と協議に入った。その後、結論を得て、東京府は、一八七三年一二月一二日に、「貸座敷都政規則・娼妓規則・芸妓規則」等を定めた東京府布達第一四五号を公布した。

布達においては、貸座敷の営業を申し出た者への「鑑札」、娼妓へは「本人真意より出願之者」に「鑑札」を渡し、鑑札なき場所での営業を禁じ、娼妓は月二回の医師による梅毒検査を強制するというものであった。吉見は、この布達の目的は、鑑札により、公娼の囲い込み、私娼の取り締まり、性病検査の強制を行うことにあったとしている〔吉見2019、一七ページ〕。また、東京府の布達は、各県の同様の規則に多大な影響を与え、その後、一八七六年一月には、太政官布告により、娼妓等の具体的な取締・管理は、東京府においては警視庁、その他は各道府県の警察に任されることとなった。これをもって、近代公娼制度の整備がなされたとされる。

また、一八九八年に、新たな民法が施行されたことで、芸娼妓解放令が廃止され、一九〇〇年一〇月八日には、公娼制度に関する最初の全国的法規として「娼妓取締規則内務省令第四四号」が交付されたことで、日本の近代公娼制が完成した。

明治以降の日本各地の軍基地近郊には遊郭があり、兵士は外出時間を利用し性処理のために公娼としての遊郭を利用した〔藤田2015、九ページ〕。日清・日露戦争後の軍拡の過程で、通常の公娼ではその需要をこなしきれず、群馬や山形、和歌山など各地では、公娼設置運動が展開されていった。いわば、軍の駐屯と遊郭・歓楽街の新設・拡大は不可分のもの〔藤目1997、九六ページ〕であり、近代公娼制度は日本の軍国主義と共に発展したといえる。もちろん、その過程で、第二次世界大戦において日本軍が植民地女性を強制連行したことによる性奴隷としての従軍「慰安婦」問題が起きており、戦後のＲＡＡとの関連性にも注目しなければならない。

二　第二次大戦までの米軍の性政策の概要

米軍の性政策は、第二次世界大戦後の日本の性政策に大きな影響を与えた。[2]

米国においては、一八六一年四月から開始された南北戦争中に北軍が南部の一部の都市に売春婦を登録し性病検査を行った事例があるが、それまでの米軍の歴史において軍が主体的に性病対策を講じたことはなかった。一つは、それまでは性病の治療法が確立しておらず、具体的対策を講じる術《すべ》がなかったからと考えられる。

しかし、一九世紀末に梅毒や淋病の病原体が発見され、一九一〇年には梅毒の治療薬サルバルサンが、一九三七年には淋病の治療薬サルファ剤が開発されたことで、性病が治療可能な疾病であることがわかった。また米国が、ハワイ併合（一八九八年二月一日併合）、米西戦争（一八九八年四月開戦）、義和団事件（一九〇〇年六月宣戦布告）に関わり、米軍が世界各地に駐留したことで米兵の性病罹患率が急上昇し、深刻な問題になっていった。

兵士が性病に罹患すると、一定期間の治療が必要となり戦力の低減となり、軍としては対策を講ずべき重要案件となっていった。米国陸軍省では、一九一〇年に性病対策に関する議論がまとめられ、売春婦を一定区域に集住させ、登録、検査、治療する方法は、「将兵の性病管理において効果的でない」との結論に至った。この結論を受けて、陸軍は一九一二年五月に、性病対策通知「陸軍省一般命令第一七号」を全軍に発令し、売春は不道徳な行為であることから、兵士への徹底した教育を行う、売春婦相手に性行為をなした兵士が帰還した際は直ちに消毒予防策をとる、抜き打ちで月二回の性病検査を行うと規定した。この当時の米軍の性病対策は、売春は不道徳なものであり、兵士を管理することが効果的と考えるものであったのであった。

このような米軍における売春禁欲主義政策と予防策は、第一次世界大戦下においても継承されたが、フランスに駐留した米軍の中には売春婦の登録、検診制度も認めるべきとの意見もあり、部隊長の中には売春宿をオフ・リミッツにしなかった例もあった。

三　第二次大戦下の米軍の性政策

一九二三年に新しい陸軍規則四〇—二三五が定められたが、第二次世界大戦開始直後の一九三九年一〇月には同規則が改正された。これは性病に罹患した兵士には司令官への報告義務が課され、それを怠った兵士は軍法会議にかけられるというものであった。また、一九四〇年五月には陸海軍において、警察や関連機関の協力のもと売春を禁止し、性病を予防するための包括的な「八項目合意」がなされた。翌一九四一年六月にはメイ法[◆3]が成立し、米軍基地周辺の一定区域内において、売春宿の設置、一切の売春行為等を禁止する権限を陸海軍長官に付与するというもので、第二次世界大戦中は米国二州で発動された。

その後、メイ法は恒久法となったが、国内法であり海外駐留米軍に適用されるものではなかった。事実、海外に駐留した米軍の中には買春を容認あるいは公認する場合もあった。田中利幸（同氏は、外国向けに書かれた論文では、Yuki Tanaka のペンネームを使用する場合がある。引用は筆者翻訳による）の研究によると、米軍は、第二次世界大戦時、海外駐留隊員の性病問題に対処するため、「米軍医官が米軍基地の近くにある既存の売春宿から特定の家を選び、そこで働く売春婦に対して性病検査を実施していた。兵士たちは、指定された家だけを使用し、それらの家を訪問した後すぐにその地区に設置された性病予防ステーションで処置することを指示されていた」〔Tanaka Y2002 九二ページ〕、また、「特にアメリカ人にサービスを提供するために、米軍キャンプの近くに新しい売春宿が設置された。たとえば、アフリカ西海岸のリベリアにあるロバーツ・フィールド米軍基地のために、地方政府によって二つの『女性の村』が設置された。これらの村で働くことを希望する女性は、性病検査に合格する必要があった。認められた場合、彼女らは写真を撮られ、自分の写真にタグを付ける必要があった。彼女らは、毎週性病検査が強制され、感染症の症状を示す女性はタグを没収され、性病治療が強制され完治した場合にタグが返却された。（中略）兵士には、タグの無い女性とは性交しないようにとの命令が出ていた」〔同前、九二ページ〕との事例が紹介され、海外では売春禁止と予防策を主とする米軍性政策は形骸化し、実施されなかった場合があったことが窺《うかが》える。

その理由は二つ考えられる。一点目は、一九二八年に抗生物質のペニシリンが発見、一九四二年には医療用として実用化され、第二次対戦中には負傷兵や感染症治療薬として使用された。一九四四年からは、米陸軍省は性病治療薬剤をサルファ剤からペニシリンに変更することを決定している。ペニシリンが性病治療に絶大な効果をあげ、米国では「性病は不治の病ではなく簡単に治療できると将兵に受け止められた」〔林2015、二五三ページ〕からである。

二点目は、第二次大戦時は、アジア、アフリカ地域において売春が容認されている地域が多く、駐留米軍が国内と同様の措置はとれなかったとするものである。

その後、一九四四～四五年にかけて、海外駐留米軍における兵士の性病罹患率が急増したことから、軍医務監部とG1〔参謀第一部〕において対策を協議、それを受けて一九四五年四月二四日付で「海外作戦方面における売春について」が通達され、軍が売春に関与することを禁じた〔林2015、二五五～二五六ページ〕。しかし、この通達によっても、性病罹患率改善の効果はほとんどみられなかった〔林2015、二五七ページ〕。

この点に関して米国のスタンスは、「米軍が来たことが売春を拡大させ、あるいは性病を持ち込み拡大させたという視点はほとんど欠落していた。悪いのは悪徳の売春を容認・肯定し、あるいは淫らな性慣行のある現地社会である（中略）性病の感染源は娼婦だと一方的に決めつけ、女性のみを犯罪人扱いした」〔林2015、二五七ページ〕ことに尽きる。

四　米軍の「性対策」の歴史と第二次大戦後の日本の性政策に与えた影響

二〇二〇年一一月三〇日付の西日本新聞の記事「米兵の性暴力刻み25年　冊子改訂続く現実『政府や米軍、どう見る』」〔西日本新聞2020〕では、一九九五年四月に沖縄の一人の女児が米兵三人から性的暴行を受けた凶悪事件を機に、沖縄の女性たちが立ち上がり、米兵の起こした性犯罪・性暴力被害実態をまとめる冊子作成が始まったことを伝えている。発行する市民団体「基地・軍隊を許さない行動する女たちの会」の共同代表・高里鈴代氏は、「二五年を経ても冊子作りが終わらない現実を、政府や米軍はどう見るのか」と訴えている。

同会は一九九六年に、冊子『沖縄・米兵による女性への性犯罪』の初版を完成させ、六五件の米兵による性犯罪を報告している。最新の二〇一六年版では三五〇件を超えている。高里氏は「掘り起こしは今も終わっていないし、被害者の意向で掲載していない事件もたくさんある」〔同前〕と指摘している。

終戦当時、連合国軍上陸一カ月足らずで、全国で三五〇〇人以上の女性が米兵により強姦《ごうかん》されたとされる〔五島勉１９５３、三六ページ〕。また、この数値は、「売春業者・警察・洋娼を調べて明らかになった最小限度の推定値である。実数はこの数十倍にはなっている」〔同前、三六ページ〕との指摘もあることから、膨大な数の女性が連合国軍兵士の性暴力に直面した可能性がある。

ＧＨＱ／ＳＣＡＰ（General Headquarters, the Supreme Commander for the Allied Powers 連合国軍最高司令官総司令部）公衆衛生福祉局◆[4]（ＰＨＷ）局長サムス准将さえ、「日本占領軍の軍司令官の中には南西太平洋の島々での戦闘を経てきた将兵たちには、『彼女たちと楽しむ』資格があるのではないかという者もいた」〔サムス１９８６、一八七ページ〕と、半ば女性への性暴力を肯定している。また、「極東地区である。われわれは日本の主要四島、朝鮮、沖縄の三地域を占領した。これらの地域の人々にとって、売春は道徳的に言って問題はなかったのである」〔同前、一八七ページ〕とし、日本では公娼制度の下で売春が容認されているとして、米兵による買春も許容されて当然との思いがあったことが窺える。

戦後の連合国軍兵士に対する「慰安婦」制度は、従来からいわれていたように日本からだけの提案であったとする言説は、当時の米国を世界最高の民主主義国家であり占領者の威厳を保持するための「創作」であり、実際は日米合作の制度であったことは、本書１、２章で述べた。

以下に、日本の性政策に、米軍の「性対策」がどのように影響を与えたかを考察したい。

世界的に性政策は、性感染症のコントロール、および道徳観・倫理観の問題として論じられることが多い。ただし、軍においては、兵士が性病に罹患することで治療が必要となり、一時的であれ戦力の損失が起こることから重大な問題と考えられ、いかに性病罹患拡大を防ぐのかに腐心してきた歴史がある。

先述したように、日本の近代国家建設においては、明治維新以後、列強諸国に匹敵する国力を保持するために欧化主義・富国強兵策を講じた。その過程で、性政策は公娼制度下におかれ、軍隊も性政策の中心に性病対策をおき実質的に公娼制度を利用した。また、戦時下では、従軍「慰安婦」制度を確立し、植民地下の女性を強制連行し性奴隷としていたことは周知の事実である。◆5

日本陸軍では、平時において性病予防として、月一度の頻度で、中隊単位で軍医による兵士への花柳病検診（性病検診）「月例身体検査」が将校や下士官が同席で実施された。また、状況に応じて臨時の「特別検査」も行われた。さらに、軍指定の遊郭の経営者には、娼妓の健康管理が義務付けられ、勤務する娼妓と利用する将兵にはコンドーム使用を徹底させ、娼妓には行為後に洗浄を勧めていた〔藤田2015、三二ページ〕。

しかし、GHQ公衆衛生福祉局長サムスは、日本の性病予防に関してきわめて懐疑的であった。サムスの回想録では、ジェームズ・ゴードン大佐による日本と朝鮮における性病予防・治療に関する調査結果を受けて、日本の性病対策がお粗末であることを嘆いている。

「性病は第一義的に売春婦の病気として考えられていたので、日本の医師、衛生当局、あるいは一般大衆は性病についてあまり関心を持っていなかった。日本の医師は、ごく少数の例外を除いて性病の疫学的、および臨床的症状についてよく知っていなかった。性病に対する対策は、警察の管轄であったし、その対策は極めてお粗末で売春婦の定期検診を除けばほとんど何もしていないに等しかった。定期検診は医学的見地から見ると、事実上あまり価値のないものであった」〔サムス1986、一八八ページ〕

もちろん、サムスは、日本人を性病から守るという意味で日本の性病対策が「お粗末」だと指摘しているのではなく、あくまでも占領軍兵士を性病に罹患させないためにどのような性病対策をとるべきかを考えていた。性病罹患を最小限に抑えるには、「兵士に買春を禁ずる」ことが望ましいが、結局この政策は兵士の個人の禁欲次第であり、政策としての効果性は不明であった。その意味では、サムスは兵士の禁欲政策には反対し、現実策として売春婦と思《おぼ》しき者を「狩り込み」、強制的に性病検査・治療を行う政策を実行した。◆6

田中利幸の研究によると、ゴードン大佐の調査目的は、赤線地帯を視察し、米軍将兵の性病予防対策のために洗浄消毒所を赤線地帯にもうけることにあり、占領軍は「日本進駐の最初から売春を容認する計画を持っていた」〔田中2000、九一ページ〕と推察される。

その点を裏付ける資料として、一九四五年九月三〇日付のPHWゴードン大佐による、参謀第一部軍医ワイズバック少佐との会談メモ（資料3—1、3—2）がある。

この会談メモからも理解できるように、占領軍が進駐して一カ月足らずの時点で、毎週七〇〇〇〜一万回の予防消毒処置を行っており、相当数の占領軍兵士が売春宿を利用していたと推察できるし、田中の指摘した「日本進駐の最初から売春を容認する計画を持っていた」との推察を傍証しうる資料といえる。

このような状況下、占領軍の日本進駐以降、米兵の性病罹患率が急上昇した。第八軍性病罹患率は、フィリピンに駐留の際は千分比で三〇程度と落ち着いていたが、日本に進駐して以降、一九四五年九月三三、一〇月五四、一一月八六、一二月一五四、一九四六年一月一七九、二月一九七、三月二五〇と急上昇した〔林2015、二五八ページ〕。

米軍における性病罹患率の上昇を危惧《きぐ》したGHQ／SCAPは、一九四五年九月二二日に、日本政府に対し早急に性病対策を講じるよう最高司令官による「公衆衛生対策に関する日本政府への覚書」（資料3—3）を発した。

一九四五年一〇月二日に発足したばかりのPHW局長サムスや性病コントロール担当のJ・ゴードンの意見を取り入れて、GHQ／SCAPは同年一〇月一六日にSCAPIN一五三号「性病コントロールに関する覚書（Control of Venereal Diseases）」を発し、厚生省に対して梅毒・淋病・軟《なん》性《せい》下疳《げかん》を指定伝染病に追加し患者の身元情報をPHWに報告し、感染の恐れのある者への検査・治

資料３—１　PHW ゴードン大佐と参謀第一部軍医ワイズバック少佐との会談メモ

民生部 PHW

1945 年 9 月 30 日

記録メモ

件名：参謀第一部軍医ワイズバック少佐との会談

一、ワイズバック少佐は、諸部隊が東京に到着するや都内の主な売春街を視察し、以下の四カ所に洗浄消毒所を設置したと報告した。

a 千住地域
b 向島地域
c 横浜道
d 第一旅団地域

これらの洗浄消毒所は毎週七〇〇〇から一万回の予防消毒処置を行っており、さらに大量の個人用具（individual items コンドームと推察できる）を配給している。

二、性病予防器具、サルファチアゾール、甘汞軟膏、プラトゴール、紙タオルの供給が非常に少なくなっている、と少佐は述べている。これらの物品の補充を、第八軍兵站部を通して確保しようと何回か試みたが、現在のところ確保できていない。

三、少佐は、参謀第一部の性病罹患率は比較的低いとの印象を述べた。

四、少佐には、売春規制システムの再確立のためのプロジェクトが知らされたが、彼は、採用の可能性のあるあらゆる計画に可能な限り協力すると申し出た。

出典：林博史監修『日本占領期性売買関係 GHQ 資料第 4 巻』蒼天社出版、p14。そこに掲載されている「PHW ゴードン大佐と参謀第一部軍医ワイズバック少佐との会談メモ」を筆者が翻訳

療を命じた。本指令は、日本政府に対して通知後三〇日以内に行動を取ることを要請しており、その過程で、個別感染事例のコンタクト・トレーシング（contact tracing　接触歴追跡）を実施することとなった。

コンタクト・トレーシングは、性病感染拡大を阻止する目的で、占領軍の性病罹患者と接触した日本人女性を追跡し性病検査・治療を行うという施策であった。感染源である性病罹患者を特定し、またその者と濃厚接触した者の追跡も行い性病治療を受けさせる方法である。当然、感染源とされる性病罹患者だけでなく、患者が結婚している場合はその配偶者・子ども、配偶者以外のセックスパートナーの検査も行った。患者が先天性梅毒の場合は、その家族全員の検査を実施した〔奥田２００７、二〇ページ〕。

資料３―２　ゴードン大佐と
ワイズバック少佐との会談メモ（原本）

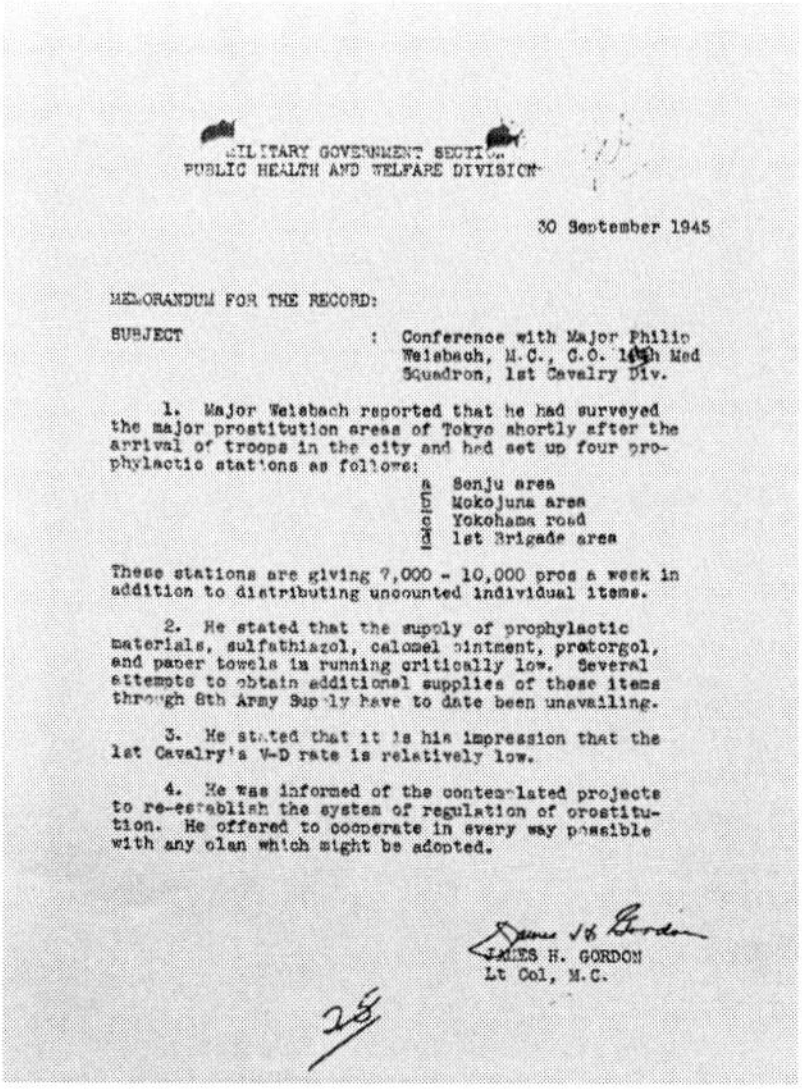

MILITARY GOVERNMENT SECTION
PUBLIC HEALTH AND WELFARE DIVISION

30 September 1945

MEMORANDUM FOR THE RECORD:

SUBJECT : Conference with Major Philip Weisbach, M.C., C.O. 1_th Med Squadron, 1st Cavalry Div.

1. Major Weisbach reported that he had surveyed the major prostitution areas of Tokyo shortly after the arrival of troops in the city and had set up four prophylactic stations as follows:

a Senju area
b Mokojuna area
c Yokohama road
d 1st Brigade area

These stations are giving 7,000 - 10,000 pros a week in addition to distributing uncounted individual items.

2. He stated that the supply of prophylactic materials, sulfathiazol, calomel ointment, protorgol, and paper towels is running critically low. Several attempts to obtain additional supplies of these items through 8th Army Supply have to date been unavailing.

3. He stated that it is his impression that the 1st Cavalry's V-D rate is relatively low.

4. He was informed of the contemplated projects to re-establish the system of regulation of prostitution. He offered to cooperate in every way possible with any plan which might be adopted.

JAMES H. GORDON
Lt Col, M.C.

出典：資料３―１と同じ

コンタクト・トレーシングは性病罹患者を発見する方法としては一定の効果はあったとされているが、占領軍兵士にとっては日本の地理にも不案内な上に、日本人女性の顔を特定すること

資料３―３　GHQ「公衆衛生対策に関する日本政府への覚書」(SCAPIN48)

GHQ 覚書　SCAPIN48
昭和 20 年 9 月 22 日
日本帝国政府宛
主題　公衆衛生対策に関する件

連合国最高司令官は日本政府に対し左の処置をすることを指令す。
（１～８項まで省略）
９．日本国民は花柳病撲滅に特に努力すべし、本事業は既存の日本の機関に依りなさるべし。

出典：労働省婦人少年局『売春に関する資料　改訂版』婦人関係資料シリーズ一般資料第 31 号、1955 年、p13 より引用

は難しく、性病罹患者をあぶりだすには限界があった。そこで、占領軍は、日本の警察組織や米軍のＭＰ（military police　憲兵）を使い、街頭で通行中の女性を無差別に逮捕し性病検査等を行う「狩り込み」を実施した〔奥田２００７、二二ページ〕。ただ、占領は間接統治であったため、表向きは日本政府及び各警察が主体的に実施したように装った。

「狩り込み」は、一九四五年一一月に京都で実施されたのが最初とされ、その後全国的に頻繁に実施され、法的根拠がないまま一九四八年八月一日まで実施された。しかし、その後は「摘発」と名を変え、街頭で性病に罹患していると思しき売春婦が逮捕・勾留され、強制的に性病検査が行われた。

このように女性の人権を無視した「狩り込み」が実施できた背景には、ＰＨＷの「一貫して性病の感染源を日本人売春女性とみなし、占領軍兵士にもその原因の一端があるとは考えなかった」〔同前、二二〇ページ〕

ことにあるといえる。

ＳＣＡＰＩＮ一五三号を受けて、東京都は、同年一〇月二二日に性病予防規則を交付。厚生省は同年一一月一六日に、厚生省令第四五号「花柳病予防法特例」を公布、次官通牒《つうちょう》「花柳病予防法特例に関する件」、局長通達「業務者健康診断要領に関する件」を発令し、娼妓だけではなく「性病を感染させる恐れのある全ての接客女性」、つまり「慰安」施設で働く事務系職員への定期性病健診を義務付け、受診した者へ健康証明書を発行した。

一九四五年一二月一一日には、ＰＨＷ法規課長マクドナルド中佐が廃娼を提言し、一九四六年一月七日には日本政府に「廃娼の準備」を要請している（藤野２０１４、四一ページ）。この直後の一九四六年一月一二日、内務省は、「公娼制度廃止に関する件依命通達」（資料３―４）を関係警察署に通知し、かねてより人身売買の温床とされた貸座敷制を中心とする「公娼制度」廃止を謳《うた》った。

しかし、本通達では、「貸座敷及娼妓は之を廃業せしめ之等廃業者に付ては私娼として稼業継続を認め公娼制度を廃止する」、「現業者（貸座敷及娼妓）をして自発的に廃業せしめ之を私娼として稼業継続を許容す」と、「公娼」を「私娼」に転換することで実質的に性売買を容認し、その上で性病予防の強化を指示したものといえる。

日本政府は、内務省保安部長通達の後にＧＨＱ／ＳＣＡＰから、公娼廃止の覚書が発令されることは承知しており、公娼廃止への準備は整えていた。

一九四六年一月二一日のＳＣＡＰＩＮ六四二号「日本における公娼廃止に関する件」覚書（資料

資料３―４　内務省保安部長「公娼制度廃止に関する件依命通達」

保風紀第13号
昭和21年1月12日
内務省保安部長
関係警察署長宛

公娼制度廃止に関する件依命通達

公娼制度は社会風紀の保持上相当の効果を収め来りたるも最近の社会情勢に鑑みるに、公娼制度の廃止は必然の趨勢なるを以て今般左記に依り貸座敷及娼妓は之を廃業せしめ之等廃業者に付ては私娼として稼業継続を認め公娼制度を廃止することと相成たるを以て指導取締上遺憾なきを期せられるべし。

追而本措置は昭和21年1月15日より実施す。

一　方　針

現業者（貸座敷及娼妓）をして自発的に廃業せしめ之を私娼として稼業継続を許容す。

二　方　法

1．現行貸座敷指定地域をその儘私娼黙認地域として認むること。
2．既存の貸座敷業者は接待所娼妓は接待婦として稼業継続を認むること。
3．接待婦の稼働場所及居住は前記1に依る地域内に限定すること。
4．接待婦が其の就業を以て債務の返済をする内容とせる賃借契約は之を禁ずること。
5．遊興料金の配分率は当分の間接待婦の取分百分の五十以上業者の取分百分の五十以下とすること。但し食費衣料其他の負担は従前の慣例に依らしめること。
6．性病予防に関しては其の施設健診等性病予防規則に依らしめ業者及接待婦をして従前に倍して病毒伝播防止に努めしむること。
7．酒類其の他飲食物の提供は従前の程度に於て之を認め客の意に反して之が提供をなすが如きことなき様すること。
8．前各号の事項其の他風紀上必要なる取締事項は内規に依り之を定むること。

三　現行公娼制度に関する庁令及通牒の処置実施上の円滑を図る為前号に依り事実上公娼絶滅となりたる後之を廃止する予定なること。

出典：労働省婦人少年局『売春に関する資料　改訂版』婦人関係資料シリーズ一般資料第31号、1955年、p13～14より引用

資料3―5　GHQ/SCAP覚書642号「日本における公娼廃止に関する件」

SCAPIN 642号　連合国軍最高司令官覚書
昭和21年1月21日
日本帝国政府宛
主題　日本における公娼廃止に関する件

一、日本に於ける公娼の存続はデモクラシーの理想に違背し、且全国民における個人の自由発達に相反するものなり。

二、日本政府は直ちに国内における公娼の存在を直接乃至間接に認め、もしくは許容せる一切の法律法令及びその他の法規を廃棄し、且無効ならしめ、且該諸法令の趣旨の下に如何なる婦人も直接乃至間接に売淫業務を契約し、もしくは拘束せる一切の契約並に合意を無効ならしむべし。

三、本覚書を遵守するために発令せらるゝ法規の最終準備完了と同時並にその公布前に該法規の英訳二通提出すべし。

出典：労働省婦人少年局『売春に関する資料　改訂版』婦人関係資料シリーズ一般資料第31号、1955年、p15より引用

3―5）を受けて、一九四六年二月二日に内務省警保局長名で「公娼制度廃止に関する通牒」（資料3―6）が関係部局に発せられ、日本における公娼制度の廃止が決定された。

その後、一九四六年三月四日には、米国陸軍省より米軍太平洋陸軍司令官マッカーサーに対して、買春禁止を基本とする陸軍省の指令を厳格に遵守するよう通達がなされ、第八軍は一九四六年三月一八日に全ての売春宿をオフ・リミッツにするよう命じた。同二五日には東京憲兵隊司令官が内務省にその旨通知し、RAAやその他の売春宿もオフ・リミッツとなった。

しかし、先に見たように、実態は「公娼」の「私娼化」であり、通牒の発令以後も人身売買を基本とする強制売春はなくな

資料3—6　内務省警保局長「公娼制度廃止に関する通牒」

> 警保局公安係甲第九号
> 昭和二十一年二月二日
> 内務省警保局長
> 警 察 署 長
> 各道府県長官　殿
>
> 公娼制度廃止に関する件通牒
>
> 公娼制度は民主主義理想に違背し個人の自由発達に相反するものなりとの別紙連合国最高司令部覚書に基き本日内務省令第三号を以て娼妓取締規則廃止相成候に付関係道府県に於ては該覚書の趣旨に則り速かに左記措置実施相成度
> 依命此段及通牒候也
>
> 記
>
> 一、公娼制度に対する地方関係法令は本年二月二十日迄に之を廃止する
> 二、公娼制度に関し女子を売淫行為の為に拘束する契約並に合意は一切無効たるべきこと
> 三、公娼制度による前貸年季等特殊契約に関しては貸主をして自発的に之を放棄せしむる様特に従通指導すること
> 四、本措置実施に照し個人の自由意志を脅迫しまたは之を妨害するが如き第三者の取締に留意すること
> 五、本件措置に関する実施状況は速に報告すること

出典：藤野豊編『編集復刻版　戦後初期人身売買・子ども労働問題資料集成』第1巻、六花出版、2013年、p54～55より引用

らなかったし〔奥田２００７、二九～三〇ページ〕、街娼の激増を招いた。

日本政府は、一九四七年一月一五日、ＧＨＱのたび重なる指令を受けて性売業者の処罰を盛り込んだ「婦女に売淫をさせた者等の処罰に関する勅令」（資料3—7）を公布した。

ＧＨＱにおいて、進駐軍兵士の性病罹患問題には、相当苦慮していたことがその間の動向から推察できる。米軍太平洋司令部は、性病感染率は高

資料3―7　婦女に売淫をさせた者等の処罰に関する勅令（昭和二十二年勅令第九号）

第一条　暴行又は脅迫によらないで婦女を困惑させて売淫をさせた者は、これを三年以下の懲役又は一万円以下の罰金に処する。

第二条　婦女に売淫をさせることを内容とする契約をした者は、これを一年以下の懲役又は五千円以下の罰金に処する。

第三条　前二条の未遂罪は、これを罰する。

附　則　（抄）

1　この勅令は、公布の日から、これを施行する。

注：本勅令は、1956年4月1日公布の売春防止法附則2項により廃止された

止まりしたことから、一九四六年に性病罹患兵士に対する処罰方式の復活を求める意見書を陸軍省に送っている。陸軍省は、各地に派兵されていた米軍司令部より意見を聞き、一九四七年一月三一日に陸軍長官名で「規律と性病」との通知を出し、兵士に対して禁欲と予防策の徹底、罰則規定の遵守を求めた。

しかし、この政策では厳しい罰則があるが故に、性病罹患隠しが横行し、不十分な治療しかできない状況を招き、一九四八年三月には、陸軍省より一九四七年の通知「規律と性病」を破棄し、人格指導（モラル・アプローチ）を中心とする旨の通知が発せられた。これにより、米軍兵士に対する毎月の性病検査も廃止された。

その後、一九五〇年九月三〇日、警視総監・田中栄一は、各道府県警察に「街頭における売春婦の取締について」を通牒し、性病予防法、交通法規、軽犯罪法を適用し街娼を徹底的に取り締まることを求

めた。

一九五〇年一二月には、労働省婦人少年局が同年一年間における売春容疑者等の検挙者数をまとめている。売春容疑者として検挙された者は五万二〇九四人、検挙を逃れた者の推計一五万人、これに要した費用約三〇億円、性病届出患者数二一万八二九九人、妊娠中絶四八万九一一一件、検察庁受理の人身売買事件九七三件となっている〔労働省1955、四ページ〕。

このようなGHQ／SCAPや米軍、および日本政府の性対策のあり方は、兵士の買春を前提に、彼らの買春・性感染症に対する処罰を廃止し、他方では売春婦やそれと思しき女性を人権無視で検挙し性感染症の責任の全てを押し付けるという、女性の犠牲化を前面に押し出した流れを構築している[◆7]。

五　朝鮮戦争以降の基地売春問題

米軍は、朝鮮戦争（一九五〇年六月開戦）やベトナム戦争（一九五五年一一月開戦、米軍は一九六四年八月より参戦）においても性暴力を通して兵士の性欲を満たしていた。文化人類学者の崔吉城《チエキルソン》は、朝鮮戦争勃発時一〇歳（小学校四年生）で、ソウル近郊の京畿道楊州に居住していた。その村は、一九五一年三月には国連軍によって北朝鮮から解放され、米軍が駐屯した。崔は、彼らが国連軍であり平和軍であったはずにもかかわらず、「国連軍は村の若い女性を奇襲し性暴行を行った。主に米軍とイギリス軍人によるものだった」〔崔2001、四ページ〕と記している。

その後、崔の故郷は米軍の「基地売春村」に変貌した。その経緯を「米軍が駐屯し、国連軍による性暴行者が多くなり、戦争と性暴行の両面から恐怖感の高い状況の最中に若い売春婦たちが多く村を訪ねてきて、彼女たちによって救われたのである。そうでもしなかったら村の女性は全部性暴行されると感じたので、村人は彼女たちを歓迎したのである」〔崔2001、七ページ〕と描き、一般女性と売春婦を二項対立的に捉え、性を売らざるを得ない女性を差別的に扱っている。結局、このような捉え方は、女性差別を助長するだけでなく、米軍の加害責任を問いづらくする構造をつくってしまう。

また崔は、故郷が「基地売春村」になった要因を、以下のように分析している。

「戦争の交戦という状況では軍人だけではなく、一般人も正常ではないようである。性を最低の資本として売り物にもしたのである。性を売ることは特殊な人だけではなく、状況によっては誰でもなりうるということである。村人は売春婦たちに部屋を貸して収入も得られるし、村人を性的に安全に守ることもでき、一石二鳥と考えた。そして伝統的な儒教倫理を持つ村が一瞬にして米軍基地村化して従軍慰安婦、売春婦に依存する様になった」〔崔2000、八ページ〕

また、朝鮮戦争において、日本赤十字の看護師が徴用され米兵の性暴力にあった事例もある。一九五二年六月二日の第一三回衆議院厚生委員会において、苅田アサノ議員が、参考人蜷川新（元赤十字本社外事顧問）への、中立・公平・博愛を基本とする赤十字が、一方の国連軍だけに協力することの妥当性を問う質問の中で、「五十九回の通常総会における社長演説なんかを見ますと、二十五年から始まりました朝鮮事変に対しまして、日赤看護婦の派遣の要求があったので、本社はこれに全面的に協力し、九州地方の各支部から第一次五十四人、第二次二十五人、第三次十七人を交替派遣し、現在六十三人が国連軍病院に勤務いたしております、と書いてございます」（衆議院１９５２）と指摘した。

実は、日赤自体は、現在まで朝鮮戦争協力に関しほとんど公言していない。しかし、一九五一年五月一七日付「日赤新聞第七四号」は、朝鮮戦争における日赤の協力を評価した連合軍リッジウェイ司令官による、「日赤は朝鮮動乱ぼっ発以来重大な危機にさいして、米国赤十字及びその軍事福祉活動のために、時と物資と人員を供給して熱心な協力を示した」（全日本赤十字労働組合連合会１９６５、九ページ）というメッセージを掲載している。日赤は中立・公平を謳いながら、連合国側にのみ協力したことになる。

そして、『三矢作戦下の日赤』では、朝鮮戦争時に米軍キャンプに派遣された看護師Ｍさんのインタビュー記事が掲載されている。

「博多キャンプの勤務：全九州から約千名がきていたといわれていたが、日赤出身以外は補助婦としての仕事しかさせられず、その区別は厳密だった。（中略）これら何百人という看護婦は、日赤出身をふくめて全部一部屋に入れられた。軍隊用の簡単な折りたたみ式のベッドが見渡すかぎりつづいて、カーテンもなにもしきりと言うものがなく、まるみえの部屋だった。（中略）患者は全部アメリカの軍人で、韓国人は一人もみかけなかった。なお負傷者、病人には黒人兵が多いのもめだった。（中略）こうして招集され、応募の形で集められた看護婦の中には、米兵のオンリーとなったり、身をもちくずしてだらしなくしたものが多かった。後日、日赤支部に対して、こうした仲間たちの状態について保障を要求したが、支部は〝なにもパンスケになれと頼んだ覚えはない〟とこたえた」（同前、七〜八ページ）

性暴力とは、本人の意に反して強制的・暴力的な性行為やそれらに準じる行為による被害を指す。当然、日赤看護師Mさんの証言から浮かび上がってくる「オンリー」や「パンスケ」は、性暴力の被害者かとの疑問があるであろう。それは、日赤支部の「なにもパンスケになれと頼んだ覚えはない」との文言からも明らかである。これは当事者が、自分の意思で「オンリー」などになったと断定し、生活保障に値しないと断じる態度といえる。しかし、戦禍の中で米兵が日赤看護師に性暴力を振るい支配した恐れも否定できないのではないか。

さらに、朝鮮戦争に米国が介入してからは、米軍基地周辺での売買春が増えた。例えば、かつて「日本の上海」といわれたキャンプ・ドレイク（CAMP DRAKE）は、埼玉県朝霞町（現・朝霞市）、新座市、和光市、さらに東京都練馬区にまたがる総面積四七〇ヘクタールという広大な米軍基地であった。戦前は陸軍被服工廠等を擁する陸軍の大規模軍需工場と陸軍予科士官学校で、敗戦により米軍に接収され、一九四五年九月一九日に米国第八軍第一騎兵師団司令部が置かれ米軍基地となった。翌二〇日には、米陸軍第四三師団約六〇〇〇人が、熊谷から移駐した。その結果、一九四五年一一月末時点で、同基地に駐留する米兵は約一万七〇〇〇人〔埼玉県1991、六四五ページ〕となった。その後、朝鮮戦争、ベトナム戦争においては、同基地から多くの米兵が派兵されていった。

埼玉県でも、内務省警保局長名「外国軍駐屯地における慰安施設に関する件」の通牒を受けて、埼玉県と各市町村が、特殊飲食業者に協力を要請して、米兵向けの「慰安」施設の整備を行っている〔同前、六四六ページ〕。

キャンプ・ドレイクを要する朝霞では、米軍進駐当初の一九四五年九月時点で売春婦は、一〇人程度であったが、五年後の一九五〇年八月には一七〇人に膨れ上がり、同年九月七日には県内では初の「売春取締条例」を制定している〔同前、六四六ページ〕。埼玉新聞によると、一九五〇年九月時点で、朝霞の売春婦の数は五〇〇人を超えた〔埼玉新聞一九五〇年九月一一日付〕としており、わずか五年で売春婦が五〇倍に増加したことになる。なお、県全体では一九五一年二月時点で、約四五〇〇人の売春婦がいたとしている〔埼玉新聞一九五一年二月二〇日付〕。

先述の通り、売春取締条例は、女性を性暴力被害から守るのではなく、米兵を性病感染から守ることを目的に、日本女性が性病を拡大させる敵だとして取り締まる（「狩り込み」、「摘発」）ために制定されたものであり、女性の人権を侵害する制度化であった。

また、朝鮮戦争は一九五三年七月二七日には休戦協定が結ばれ休戦に至ったが、北緯三八度線付近では休戦時に軍事境界線として認識され、朝鮮半島は南北に分断された状況が続くこととなった。他方、ベトナムにおいては、一九五四年にフランスがインドシナ半島再植民地化を中止した後、アメリカが南ベトナム政府への財政的・軍事的支援を行ったことに端を発し、南北ベトナム統一をめぐる戦争へと発展した。

当然ベトナム戦争においても、日本の米軍基地は兵站《へいたん》の補給基地となり、その周辺では当然のように売買春が横行した。その当時の、米軍基地周辺の売買春状況は、労働省の婦人少年問題審議会婦人問題部会で議論され、一九五二年一二月には同部会が「売春問題の対策に関する答申」を行っている。その後、同部会では引き続き売春問題を取り上げ討議を続けていた。一九五四年九月には、同部会委員の研究発表をまとめた「売春に関する諸問題」〔労働省婦人少年局１９５４〕を公表している。

同部会委員・神崎清は、山梨県山中湖畔の米軍キャンプ・マグネア周辺での基地売春の実態に関して、以下のように述べている。

「二十六（1951）年になりますと、今度は部隊の指令が非常に緩やかな方針に出てきた。その部隊の司令官は、V・D（venereal diseas　性病――引用者）さへなければ兵隊の外出を自由に認める、といった。若し性病に罹《かか》らぬ用心をし、又諸種の違反がなければパンパンと遊んでも構わんという態度を示したので、喜んだのは業者である。（中略）そういうわけで、司令官の方針に適応する売春の受け入れ体制を組織的に造り上げて行った」〔同前、六ページ〕

また、神崎は、「基地売春に関しては米軍が無関係どころか大いに関係がある。基地風景はキャンプの中に源がある」〔同前、六ページ〕と強調している。このことからも、朝鮮戦争を契機に、米軍の買春禁欲主義は実質的に空文化していったと見るべきであろう。

朝鮮戦争の最中、一九五一年九月、サンフランシスコ講和条約と同時に日米安全保障条約が調印され、一九五二年四月には発効し、米軍基地の駐留が認められた。それに伴い、朝鮮戦争の帰休兵が休養し回復を目指す施設としてRRセンター（Rest & Recreation Center）が、奈良、横浜、小倉の三カ所に設置された。奈良のRRセンターは、当初大阪の住友ビルに設置されたが、一九五二年五月一日、規模拡大のために奈良市横領《よこりょう》町に移転した。

奈良RRセンターは、収容能力が約五〇〇名で、兵士は五日間の休養を過ごした。その間、兵士には階級別に一〇～二〇万円が支給された。同センターでは、ひと月で約一億円が使われたといわれている〔ならの女性生活史へんさん委員会1995、一三五ページ〕。センター周辺には、兵士を相手に、キャバレー、バー、ギフトショップなど約七〇軒の店舗が立ち並びアメリカ軍人用の歓楽街が形成された。

同センター周辺では、不特定の兵士を相手にする「パンパン」や、米軍将校の「オンリー」と呼ばれる売春婦が約二五〇〇人に上ったとされている〔同前、三三二ページ〕。

このような状況で、奈良地区米軍司令官は性病感染対策を徹底するように奈良県に要請した。これにこたえて、「県は関係業者に呼びかけて『駐留軍サービス協会』を設置させ、この協会に属する女性三〇〇名に身分証明書とバッジを発行し、県立奈良病院で週一回性病の検診を行う体制をとった。こうして事実上の公娼地区が米軍用に整備されたのである。米軍は性病に感染する心配なく売春をするために協会に女性の斡旋《あっせん》を委託」〔同前、三三三ページ〕したのであった。◆8 米軍は、まさに「売春地域をオフリミッツにして売春を認めないという建前を維持しながら、現地社会に性病管理・娼婦管理を促す、という方策」〔林2015、二六九ページ〕をとったのである。このように米軍が、兵士の禁欲主義を建前とし、実際は売春女性を欲していた要因には、以下のことが考えられる。第一に、性病治療に抗生物質ペニシリンが有効に作用し、また同薬剤が大量に製造可能となり、もはや性病が軍隊を脅かす疾病ではなくなった。第二に、米軍の当初からの性政策は、兵士に禁欲を説き、一方で予防策を励行させていることから、彼らにとっては「感染しないように予防すれば買春は認められている」と解釈できる矛盾を内包し、「買春禁止」が空文化していった。第三に、米軍の規模が、朝鮮戦争、ベトナム戦争を経て、戦前の約一〇倍となり、従来の性政策を徹底させることが実質的に不可能になった。

＊

終戦から約二カ月が経過した一九四五年一〇月四日、マッカーサーは、幣原喜重郎に対して、①選挙権付与による女性解放、②労働組合結成の奨励、③教育の自由主義化、④秘密警察の廃止、⑤経済機構の民主化、等のいわゆる「五大改革指令」を口頭で指示した。また、一九四六年に公布された日本国憲法に大きな影響を与えたのが、GHQ民生局の精鋭二五名による「GHQ日本国憲法草案」であるが、同草案の三章「国民の権利及び義務」は、戦前の日本に一〇年の居住経験のあるベアテ・シロタが、抑圧された日本人女性の窮状を少しでも改善したいとの思いを込めて起草した。

しかし、占領期の日本人女性の置かれた状況は、一向に改善しなかった。それどころか、占領軍は、日本人女性を買春の対象として暴力的に扱うことすら厭《いと》わなかった。戦後の日本の保健医療福祉政策に大きな影響を与え近代的厚生行政の基礎を築いたとされるGHQ／PHW局長サムスでさえ、占領軍による買春を実質的に認め、日本人に不評であろうが売春婦やそれと思しき女性を「狩り込み」あるいは「摘発」◆9し、強制的に性病検査を行い治療させる性政策を実施した。米軍及びGHQ／SCAPの性政策は、少なくとも日本においては、日本人女性が性病を蔓延《まんえん》させる元凶であり、特に性病に罹患している女性は排除の対象として人権無視の扱いを受けた。一方、買春する米兵は保護したのであった。

このような女性を蔑視・差別する体質は、日本的前近代的家父長制度の残滓によるとの分析も多いが、実際は戦後占領期の米国による政策も相まって培われたと考えるべきである。日本は、サンフランシスコ講和条約の締結により独立し、一九五二年をもって占領は終焉《しゅうえん》した。しかし、その後も米軍は駐留し、日本は米国にとって重要な国際戦略の要であり、特に東アジアにおける反共の砦《とりで》として、日本の政治経済は米国の影響下にあり、「日米運命共同体」を形成していった。

さて、独立後の日本の性政策は、一九五六年制定の売春防止法から始まったといえる。同法は、第一条で、「売春が人としての尊厳を害し、性道徳に反し、社会の善良の風俗をみだすもの」とし、前半で尊厳原理を、後半で秩序原理を謳っている。同法の尊厳原理では、売買春が「人間の性的人格権」を毀損《きそん》する恐れがあるとして規制を求めているのに対して、秩序原理ではあくまでも「社会秩序」を維持するために売買春を規制すべき、としており、二項対立的な原理を併置している。つまり、売買春対策が「人間の性的人格権」に依拠するのか、または「社会秩序」の維持に依拠するのかが、社会情勢によってきわめて不安定に揺れ動く可能性がある。

同法が、女性の人権、特に性的人格権を保障するのであれば、後半の秩序原理が存在することで、法的整合性は破綻《はたん》しているとみるべきである。売春を道徳や秩序維持のために規制することは、結果的に社会秩序を維持するためとして個人の尊厳や人格を否定し、「人権の侵害」を容認しかねない。同法が制定されて以降、女性運動の隆盛に伴い改正への動きがあったが、施行から六六年目にして大幅な改正に至った。

売春防止法改正案は、二〇二二年五月一九日「困難な問題を抱える女性への支援に関する法律」として衆議院本会議において全会一致で可決・成立した。同法の目的は「困難な問題を抱える女性への支援のための施策を推進し、もって人権が尊重され、及び女性が安心して、かつ、自立して暮らせる社会の実現に寄与することを」目的とするとし、懸案であった秩序原理は削除されたことで、人権視点からは一定の前進があったといえる。

売春に関しては、売春防止法だけに目が向きがちであるが、占領下の一九四八年八月一四日には風俗営業等適正化法（法制定当初は、「風俗営業取締法」であったが、過去に三度の改正が行われ、現在は「風俗営業等の規制及び業務の適正化等に関する法律」に改称）が公布され、性交類似行為が規制つきではあるが公認されている。例えば、同法二条6の二において規定されている「いわゆるソープランド（個室付浴場）」、また同条7においては、デリヘル、出張マッサージなどが無店舗型性風俗特殊営業として届出により公認され、これらが売買春のゲートウェイとされている。

風俗営業等適正化法の下で半ば公然と売買春が行われ、日本の性産業は巨大化していった。これらの現場では、女性の性的人格権・性的自由権は侵害され、他方では性産業は莫大な利益を上げている。また、同法一条で、その目的を「善良の風俗と清浄な風俗環境を保持し、及び少年の健全な育成に障害を及ぼす行為を防止する」とし、困難な問題を抱える女性への支援に関する法律では削除された「秩序原理」を維持していることが、性売買における二重規範であることは否めない。

さて、以下の4、5、6章においては、本章で詳《つまび》らかにした占領期の性政策下での、日本人、及び占領政策に具体的に関わったGHQ関係者、その当時日本に滞在した海外のジャーナリスト等が、どのような性意識・女性観を持っていたのかをエゴ・ドキュメント分析を通して明らかにしたい。

注

◆1　修理のため一八七二年六月横浜に入港していたマリア・ルス号（ペルー船籍）から、多数の清国人苦力《クーリー》が逃げ出したが、イギリス在日公使館の求めで、日本政府は乗船していた清国人二三〇人を発見し解放した。その後、裁判の過程で、マリア・ルス号が奴隷運搬船であることが発覚したが、日本には、奴隷制に匹敵する「娼妓契約」が存在すると指摘されたことから、欧化主義を標榜する日本では、芸娼妓制度の見直しが行われ、同年一〇月の芸娼妓解放令に繋がったとの見解。しかし、近年では、明治政府関係者の文献の発見により、維新当初から芸娼妓制度の見直しを行おうとしていたことが明らかとなっている。

◆2　本章の米軍の性政策に関する論点は、林博史による米軍の膨大な研究蓄積を参照した。林博史「アメリカ軍の性対策の歴史」『日本軍「慰安婦」問題の核心』花伝社、二〇一五年、二四三〜二七八ページ。林博史『帝国主義の軍隊と性　売春規制と軍用性的施設』吉川弘文館、二〇二一年。

◆3　法案提出者のアンドリュー・メイの名前を冠して、通常「メイ法」と呼ばれている。

◆4　公衆衛生福祉局PHWは、一九四五年一〇月二日に、GHQ／SCAPの一部局として設置され、公衆衛生の促進、伝染病予防、性病のコントロール等を任務とした。

◆5　この点に関しては、陸軍の規程に見ることができる。日本陸軍は、日露戦争勃発に備えて一九〇四（明治三七）年二月九日に、兵士への日用品販売をする「酒保」を、戦地にも設置することを目的に「野戦酒保規程（陸達第十四号）」を定めた。一九三七（昭和一二）年には、日中戦争の勃発を受けて、酒保に「慰安施設」の機能を持たせることを目的に同規定を改定し同年九月二九日に陸達第四十八号として通達している。同規程第一条では「野戦酒保ニ於テハ前項ノ外必要ナル慰安施設ヲナスコトヲ得」と定めている。この規定が「従軍慰安施設」設置根拠とされている。

◆6　この点は、吉見義明や奥田暁子の研究から明らかである。「アメリカ陸軍省は、性病予防と、兵士による買春というスキャンダルを避けるために、軍が性売買に関与することや兵士の買春を禁止していたが、GHQ公衆衛生福祉局長サムス大佐、性病管理将校ゴードン中佐や第六軍、第八軍関係将校は、この方針に従わなかった」〔吉見義明2019、二二五ページ〕。GHQの性対策の基本方針は「性の抑圧ではなく、性病管理」〔奥田暁子2007、一四ページ〕。

◆7　GHQ／SCAPや米軍、および日本政府の性対策のあり方について、藤目ゆきは、米軍は「一方に娼婦を求め、他方にその性病検診を求めるという、将兵の買春を前提としてその責任を不問にし、女性にもっぱら性病感染の責任をおしつけるというその論理は、英国の伝染病法にも『アメリカン・プラン』にも共通する、差別的性道徳の正当化・軍隊の利益のための女性の犠牲化である」〔藤目1997、三二七ページ〕と指摘している。

◆8　このような状況に、奈良では一九五二年九月に、RRセンター廃止規制同盟が結成され、その運動の結果、奈良RRセンターが廃止され、その機能は一九五三年九月に約三倍の収容能力がある神戸ＲＲセンターに移転した。

◆9　サムスは、「憲兵が夕方、一定の時間以後に街角に出ている全ての女性を狩り込み、有刺鉄線で囲んだ場所に運び、彼女たちを健診した。そして、もしその時、性病に罹っていることがわかれば、彼女たちを日本側に渡し、隔離して治療させることにした。（中略）アメリカ軍当局のこのような人権を無視した狩り込みは、日本人の大きな怒りを買った」（サムス１９８６、一八七ページ）と回顧している。

引用文献

・崔吉城２００１「朝鮮戦争における国連軍の性暴行と売春」、『アジア社会文化研究』第二号、広島大学アジア社会文化研究会、二〇〇一年。
・藤目ゆき『性の歴史学』不二出版、一九九七年。
・藤田昌雄２０１５『陸軍と性病』えにし書房、二〇一五年。
・藤野豊２０１４「戦後日本の公娼制度廃止における警察の認識」『人文社会科学研究所年報』第一二巻、敬和学園大学、二〇一四年。
・五島勉１９５３『続　日本の貞操』蒼樹社、一九五三年。
・林博史２０１５『日本軍「慰安婦」問題の核心』花伝社、二〇一五年。
・ならの女性生活史へんさん委員会１９９５『花ひらく　ならの女性生活史』奈良県、一九九五年。
・西日本新聞二〇二〇年一一月三〇日付。

- 奥田暁子２００７「ＧＨＱの性政策」、恵泉女学園大学平和文化研究所『占領と性：政策・実態・表象』インパクト出版、二〇〇七年。
- 小谷野敦２００７『日本売春史』新潮社、二〇〇七年。
- 労働省１９５４『婦人関係資料シリーズ　一般資料第二五号　売春に関する諸問題』一九五四年九月。
- 労働省１９５５『婦人関係資料シリーズ　一般資料第三一号　売春に関する資料　改訂版』一九五五年。
- サムス１９８６『ＤＤＴ革命　占領期の医療福祉政策を回想する』竹前栄治訳、岩波書店、一九八六年。Sams, C. 1962, Medic, Hoover Institution of Stanford University.
- 埼玉県１９９１『新編埼玉県史　通史編７』ぎょうせい、一九九一年。
- 埼玉新聞一九五〇年九月一一日付。
- 埼玉新聞一九五一年二月二〇日付。
- 衆議院１９５２「第一三回国会衆議院厚生委員会第三八号昭和二七年六月一〇日、国会会議録検索システム」https://kokkai.ndl.go.jp/#/detail?minId=101304237X03819520610&current=10　最終閲覧日二〇二二年八月二〇日。
- 田中利幸２０００「なぜ米軍は『従軍慰安婦』問題を無視したのか」、池田恵理子他編『日本軍性奴隷を裁く――２０００年女性国際戦犯法廷の記録』vol.２、緑風出版、二〇〇〇年。
- Tanaka Yuki, 2002: 92 Japan's Comfort Women: Sexual slavery and prostitution during World War II and the US occupation, Routledge・Taylor & Francis Group, 2002.

・吉見義明２０１９『買春する帝国』岩波書店、二〇一九年。
・全日本赤十字労働組合連合会１９６５『三矢作戦下の日赤――献血、医療班の真相』一九六五年一〇月八日。

第4章　エゴ・ドキュメント分析　1

――日本人の日記・回想録から

エゴ・ドキュメントとは一人称で書かれた史料のことで、「自己文書」を意味する。長谷川貴彦によると、その史料の形態としては「書簡・手紙、日記、旅行記、回想録、自叙伝、オーラル・ヒストリー、医療健診記録、警察調書、法廷審問、スクラップブック、写真・アルバム、歌、映画、自画像、さらにいえば、落書きまでも含めて考察の対象」〔長谷川2020、二ページ〕だとしている。

また、一九世紀の実証史学では、エゴ・ドキュメントは重宝されたが、その後、商業用に刊行された回想録等における「信憑性《しんぴょうせい》」に疑問が提示されることとなった。しかし、一九七〇年代以降、エゴ・ドキュメントは「観念史」として再評価され、自叙伝等は資料として最適なものとされた〔Dekker, R. 2002 二二一〜二二八ページ〕。

もちろん、一人称での語りは、個人の体験や実践に基づく「主観的な記憶や感情」を書き留める行為であり、客観性に乏しいとの指摘もある。また、そこに「記録された事実」は「真実」なのかとの疑問も湧く。ただ、その点を長谷川は、「エゴ・ドキュメントは、語り手の視点から外側の世界をみる手段であり、記憶・感情・欲望・知識・意味などの主観性を考察しうるという利点をもつ。個人という主体の構築において、背後に複雑な社会的・歴史的過程が存在することを明らかにしてくれるのである」〔長谷川2020、八ページ〕とエゴ・ドキュメントの歴史学における重要な役割を指摘している。

本章では、文人(日本人)の日記や回想録を手がかりに、当時の日本人が占領軍兵士の性暴力をどのように捉えていたのか、また、占領軍「慰安」施設に「慰安婦」として勤めざるを得なかった女性たちや、「慰安」施設がオフ・リミッツ(立ち入り禁止)となった後、街娼(「パンパン」と呼ばれた)となった女性に、人々がどのような視線を向けていたのかを探ることとする。

一 高見順『敗戦日記』

高見順[1]は、一九四一年から日記をつけ始め、病没する一九六五年まで続けている。生前には『敗戦日記』(文藝春秋新社、一九五九年)、『完本・高見順日記 昭和二十一年篇』(凡書房新社、一九五九年)を出版している。晩年から没後にかけて、『高見順日記』(全八巻、勁草書房、一九六四〜六六年)が出版されている。高見は、永井荷風と共に「日記作家」とも称されている。また、著名な日本文学研究者のドナルド・キーンは、戦時中の文人の日記を分析した『日本人の戦争 作家の日記を読む』(文藝春秋、二〇〇九年)を出版し、高見順日記もその対象としている。

小説、詩作に定評のある作家であるが、膨大な日記を残したことでも知られている。特に、一九四五年の日記は、『敗戦日記』として出版され、戦況の悪化、東京大空襲、庶民の暮らしぶりを活写している。

さて、終戦の四日後の一九四五年八月一九日の日記では、占領軍の上陸により女性が危険に晒《さら》されるのではないかとの流言があったことを伝えている。

「八月十九日

中村光夫君の話では、今朝、町内会長から呼び出しがあって、婦女子を大至急避難させるようにと言われたという。敵が上陸してきたら、危険だというわけである。

中央電話交換局などでは、女は危ないから故郷のある人はできるだけ早く帰る様にと上司がそう言っている由」〔高見2005、三二三ページ〕

一九四五年八月二九日の日記には、新田潤（小説家）と銀座のビアホールに行き、以下のことを話したと記されている。

「東京新聞にこんな広告（註＝特殊慰安施設協会の名で「職員事務員募集」の広告）が出ている。占領軍相手の『特殊慰安施設』なのだろう。今君（新田潤）の話では、接客婦千名を募ったところ四千名の応募者があって係員を『憤慨』させたという。今に路上で『ヘイ』とか『カム・オン』とか

いう日本男女が出てくるだろう」〔同前、三四〇ページ〕

終戦の日から二週間しか経ていない時点で、市井では「特殊慰安施設協会」（ＲＡＡ）を話題にし、接客婦に応募した者が多かったことを同協会の係員が「憤慨」していたことが伝わっていることから、多くの日本人が「占領軍特殊慰安施設」の存在を知っていたと思われる。

一九四五年一〇月二四日の日記では、「慰安」施設で働く女性を蔑視する高見の記述が見受けられる。

「大船で乗換。アメリカ兵と連れ立った日本の若い女が、相手を歩廊に残して一人車内に入った。（中略）車内の乗客の眼は、一斉にその女に注がれていた。軽蔑と憎悪の眼であった。私もその一人だった。（中略）私は次第に哀れを感じた。いわゆる特殊慰安施設の女らしく思われた」〔同前、三八七ページ〕

当然、多くの国民はＲＡＡが、政府や警察組織が介在して設置されたことは知るはずもないし、巧みな勧誘で女性が集められた真相を知らないであろう。戦争孤児、また戦争で財産を消失し生活困窮によって「慰安婦」になった女性は、「自ら好んで売春婦となった」と突き放し、蔑視することが当然だったのであろうか。１章でも紹介したように、当時ＲＡＡの情報宣伝係長であった橋本嘉夫は、いわば「騙《だま》して」勧誘したことを手記に残している。

「募集の看板をみて二十五歳くらいまでの女性が足を運んではきたが、おそらく若さを充分にもちこたえたと思われる者は、いなかった。ほとんど、みんなが、くたびれた様子であった。だれもが怒っているような顔に見えた。腹がへっていると、人間は怒りっぽくなるなんていわれるが……。詮衡室で、慰安担当の幹部が、仕事の内容を説明するのだった。説明するというよりは、言いふくめて念をおすのであろうか」〔橋本1958、三七ページ〕

橋本のこの手記からは、女性が「強いられた勧誘」、「経済的誘導」により「慰安婦」になったことが推察される。だが女性たちは「募集の看板をみて」応募してきたのだと、あたかも「自己決定」したかのように描かれている。このようなとらえ方が背景にあって多くの国民は、占領軍「慰安婦」と思《おぼ》しき女性を、蔑視、哀れみの対象としていたのではないだろうか。

ただ、高見は、占領軍「慰安婦」に哀れみの眼差しを向けながらも、国が率先してRAAを設置したことには批判的な意見を持っていた。それは、一九四五年一一月一四日の日記からも見てとれる。

「松坂屋の横にOasis of Ginzaと書いた派手な大看板が出ている。下にRAAとある。

Recreation & Amusement Association の略である。松坂屋の横の地下室に特殊慰安施設協会のキャバレーがあるのだ。（中略）日本人入るべからずのキャバレーが日本人自らの手によって作られたものであるということは、特記に値する。さらにその企画経営者が終戦前は『尊王攘夷《そんのうじょうい》』を唱えていた右翼結社であることも特記に値する。（中略）
日本軍は前線に淫売婦を必ず連れて行った。朝鮮の女は強いと言って、朝鮮の淫売婦が多かった。ほとんどだまして連れ出したようである。（中略）
戦争は終わった。しかしやはり『愛国』の名の下に、婦女子を駆り立てて進駐兵御用の淫売婦にしたてている。無垢の処女をだまして戦線へ連れ出し、淫売を強いたその残虐が、今日、形を変えて特殊慰安云々となっている」〔高見2005、四二六〜四二七ページ〕

高見は、辛辣《しんらつ》な言葉を多用しRAAや国を批判し、戦前の従軍「慰安婦」も「だまして連れ出したようである」と書きながら、彼女たちを「淫売」と罵《ののし》っている。そこには彼固有の複雑な感情があったかもしれない。高見は、母が「夜伽《よとぎ》」（戦前、政府高官や知事等が地方への視察の際に、寝床で男性の相手をする女性）を務め、その結果、福井県知事であった阪本釤之助《さかもとさんのすけ》の非嫡出子として生まれた。子ども時代は、私生児であることを理由にしばしばいじめられたという。そうした経験が、「慰安婦」に対し複雑な気持ちを抱かせたのかもしれない。

同時に彼の認識の背景には当時の社会構造の問題があったといえよう。当時の市民は、明治憲法の下では天皇の臣民であり、また、女性は「婦女子」として一括され、男性が当然持つ権利を全く認められていなかった。そして、その中で「慰安」に従事する女性を「淫売」として女性自らが差別していた。このような幾重にも重なった差別、ヒエラルキーのもとに人々は置かれていたのである。当時の日本は家父長制の真只中にあり、女性を差別し虐げることを社会問題だと認識できる状況にはなかったともいえる。知識人である高見でさえ、女性の人権を顧みることができなかったのである。

二　大佛次郎『終戦日記』

大佛《おさらぎ》次郎◆2は、終戦前年一九四四年九月から翌一九四五年一〇月まで、太平洋戦争の戦中・戦後の状況を小説家の目で、日記に克明に書き留めていた。

大佛は、一七歳で第一次世界大戦を経験し、広い視野を持って活躍したいと考えていた、といわれている。親の強い希望で東京帝国大学に入学し、卒業後は鎌倉高等女学校の教師となり、一九二二年には外務省条約局嘱託として翻訳の仕事を行った。一九二六年には初の新聞小説『照る日くもる日』を連載、翌年には東京日日新聞に『赤穂浪士』を連載し、当時の世相を元禄時代に重ね合わせ体制批判をしたことが高く評価された。

終戦直後の東久邇宮《ひがしくにのみや》内閣において「内閣参与」として招聘《しょうへい》された。同内閣は一カ月半の短命であったため、大佛の内閣参与としての仕事も短期間で終わっている。

一九四五年九月三日の日記で、首相官邸に呼ばれたことを以下のように記している。

「九月三日

総理の宮の演説原稿の文章を書くのかと思ったら太田君に会うとそうではない。参内前でいそがしい時間を宮の部屋へ伺うと『この度内閣参与になって貰う。しっかり頼みます』と上をむいて笑いながら云われ、こちらはお辞儀をして退室してきた。同列の児玉誉士夫というのと別室で話す」〔大佛２００７、三五五ページ〕

また、同年九月九日の知人山本泰明に宛てた手紙では、内閣参与になったことを報告し（その時点では新聞報道もされていなかった）、その役職を卑下したとも取れる記述も残している。

「まだ新聞に出ないのでよかったのですが、総理大臣の宮さまに呼びだされて内閣参与ということに成りました。妙なことに成ったと思うのですが、一生けんめい智慧《ちえ》をしぼって働くつもりです。（中略）宮さまのお側に附いているのですから、行儀よくしないといけないでしょう」〔同前、四〇

一ページ〕

大佛は、戦前の一時期外務省職員として翻訳の仕事をしていたし、一九四二年に大政翼賛会の支部「鎌倉文化連盟」が結成されたのに伴い、同連盟文学部長に就任している。当時が戦時体制であったことを勘案すると、大佛も御多分に洩《も》れず一市民として戦争に協力していたと考えられるし、その意味では当時の国民の代弁者ともいえる。

その大佛は、幾度となく占領軍の情報と女性の動向も日記に残している。しかし、日本の家父長制度において女性の人権がほぼ蔑ろにされていたことには言及せず、占領軍による性暴力のみをことさらに記述している。

たとえば大佛は、終戦の翌日の一九四五年八月一六日に、来訪者から占領軍の上陸に伴い女性や子どもを避難させるべき、とのデマが広がっていることを記述している。

「八月十六日
夜おそく村田来たり医師が診察に来ての話に、米軍は明日あたり上陸（それも鎌倉に）するらしく女子供を避難させる要ありと話して帰りたるがと意見を問われる。工場に来ている巡査もデマがとめどもなく飛び処置なしと語りし由」〔大佛２００７、三二六ページ〕

「八月二十日

吉野君の話で材木座あたりでは米軍が小さい子供を軍用犬の餌にするとて恐怖している母親が多いという。無智と云うのではなくやり切れぬことである。敵占領軍の残虐性については軍人から出ている話が多い。自分らが支那でやったことを思い周章しているわけである」〔大佛2007、三四一ページ〕

ごく普通の国民が、占領軍による女性や子どもへの性的暴行を危惧《きぐ》していることの叙述である。大佛はそれを「軍人から出ている話が多い」とも書いている。日本が戦時中に中国や朝鮮半島で行ってきた「残虐行為」を、米軍を中心とする占領軍も当然行うだろうとの「憶測」がはたらいたと大佛が見ていたことを示唆しているといっていいだろう。そもそも女性や子どもに占領軍が残虐なことをするという言説を「デマ」と見ている点が興味深くもある。ただし彼は、以下に見るように「慰安」施設については、淡々と見聞を述べるだけで、女性の状態や人権についてはまったくふれていない。

一九四五年八月三〇日の日記では、占領軍の慰安施設に直接ふれている。

「八月三十日
横須賀の料亭待合芸者屋に廃業禁止の命令が出ている。米軍の慰安所に向けられる用意である」
〔大佛2007、三五二ページ〕

先述したが、一九四五年九月三日の日記に東久邇宮より「内閣参与」任官の挨拶に行っていることから、既に八月末時点で、国や政府の動静を知る立場にあったことは推察される。従って、横須賀の料亭が「米軍の慰安所に向けられる用意」と記載されていても不思議ではない。また、この点は、新聞等のRAAの広告を見てもわかるように、広く一般市民にも知られていたと推察できる。また、同年一〇月七日の日記では、横浜に赴き、伊勢崎町等の旧遊郭の状況を見て回ったことを詳細に記述している。

「十月七日
佐藤栄七氏の案内で横浜のその後を見に行く。（中略）上大岡で降り田圃《たんぼ》の中の花街《はなまち》をのぞく。戦争中寮になっていたのを県の命令で急に店を開け焼けた日本橋あたりの芸者（?）が入る。押すな押すなの盛況だそうだが日中のせいかわりにひそりとしている。花月と云う家。米兵が玄関で二人待っている。上ってビールをのむ。（日本人は立ち入り許さぬ。）襖一重向こうに米兵二人おりやがてパーマネントにスフの和服で真白に塗ったのが入る。言葉は通じぬが結構意志は通じるらしい様子である。もと十円持って来ると飲んで泊まったのがショートタイムで七十円と云うきめだそうである」〔大佛2007、三七一ページ〕

大佛の日記は、占領軍「慰安」施設の盛況ぶりを記録しているが、その点は、2章で引用した『神奈川県警察史　下巻』の記述とも付合する。大佛が日記にしたためた「上大岡で降り田圃の中の花街」とは「真金町《まがねちょう》遊郭」のことで、元々大川町にあった「大久保遊郭」を一九二二（大正一一）年に真金町へ移転したものであった。その後正式に三業地◆3として指定され、一九三五（昭和一〇）年には、芸妓置屋、料亭、待合が三〇軒を超え大いに賑わったが、花街は戦局の悪化に伴って営業停止となった。敗戦後は占領軍用の「慰安」施設に転用されたことで賑わいを取り戻し、一九五八年の売春防止法の施行により一気に廃れた。

大佛の一〇月七日の日記では、真金町遊郭及びその周辺で、占領軍兵士が日本人女性と性行為に興じる状況が辛辣に描かれている。

「米国人の方が日本人の客より親切だというのが女たちの見つけた定説らしい。花柳病者が出ると一せいに来なくなるそうである。バラック住いの下流の女房娘たち高商に入っている部隊になれ醜行さかんだそうで南区長が嘆じる。あの辺の草原はサックだらけですよと云う言葉で表現する」
〔大佛2007、三七一～三七二ページ〕

大佛の日記は客観表現が多く、通常の日記のように自らの感情を彷彿《ほうふつ》とさせる文章が少ない。これは、後世に読まれることを意識して書かれたものと思われる。占領軍「慰安婦」や売春をせざるを得ない女性への眼差しも、社会的誘引としての貧困、離散、浮浪に向けられるのではなく、傍観者然としている。したがって大佛自身の心情にはふれない文章が続くが、自らの女性蔑視の心情には気がついていないといえる。一方で、高見は自らの女性を蔑視・差別していることを明示的に述べているから、そのことに素直に向かい合っていたともいえる。いずれにしろ当時の文人も、その時々の社会情勢や文化には抗《あらが》えなかったということなのだろうか。

高見、大佛に共通するのは、戦中に日本軍が行った残虐行為を、占領軍は十分承知して、勝者として同様のことを行っていると見ていることだ。「敗者は、勝者に陵辱されて当然」という見方を共有しているように読める。ただ大佛の筆致は、その見方に対して個人的見解を述べるでもなく、横須賀での「慰安」施設の繁盛ぶりを冷静に記述しているのは、傍観者然としているだけである。

三　山田風太郎『戦中派不戦日記』

山田風太郎[◆4]は、探偵小説家で、代表作に『甲賀忍法帖』、『魔界転生』などがある。戦中・終戦時は東京医科大学の医学生であった。

山田は、一〇〇冊を超える小説を世に送っている。数は少ないがノンフィクションも得意としていた。太平洋戦争の戦況が厳しくなった一九四二年から日記をつけ始め、後に一九四二〜一九四四年までの日記を『滅失への青春　戦中派虫けら日記』（一九七三年、大和書房）、一九四五年の日記を『戦中派不戦日記』（一九七一年、番町書房）として出版。山田の没後には、小学館より、一九五二年までの日記が随時刊行された。

「――私の見た『昭和二十年』の記録である。

いうまでもなく日本歴史上、これほど――物理的にも――日本人の多量の血と涙が流された一年間はなかったであろう。そして敗北につづく凄じい百八十度転回――すなわち、これほど恐るべきドラマチックな一年間はなかったであろう。

ただ私はそのドラマの中の通行人であった。当時私は満二十三歳の医学生であって、最も『死にどき』の年代にありながら戦争にさえ参加しなかった。『戦中派不戦日記』と題したのはそのためだ。ただし『戦中派』と言っても、むろん私一人のことである」〔山田２００２、三ページ〕

山田は「戦争にさえ参加しなかった」と、自分の意思で「不戦」を貫いたかのように記しているが、一九四二年二月に召集令状を受け取り徴兵検査を受けたが、肋膜炎のため「丙種」とされ、当時、甲種及び乙種合格者だけが徴兵され、山田は徴兵不合格となり入隊を免れていたのである。自分の意思で「徴兵忌避」し不戦を貫いたのではなかった。

この点や、後述するような複雑な家族関係に一生涯悩み、孤独であったのかもしれない。ただ、このような状況であったがゆえに、日本が戦争へ暴走する姿と敗戦後の極端なまでの方向転換を、客観的に見て批評できたのであろう。

終戦から三日後の一九四五年八月一八日の日記では、横浜に三〇万人の米兵が上陸するとの噂を聞いたと記し、近所の大洋製作の「おやじ（経営者）」を訪ねて、その彼が語ったことを克明に記している。総文字数で五〇〇〇字を超えており、当時の一般市民の感情を正確に伝える貴重な証言である。

「女がこまるって？　ミサオを汚されるってのか？　そりゃそうだな。アメリカ兵ったら、イギリスへいってその道じゃあばれちらしたんだからな。まして負けた日本に来るんだ。うん、そりゃ上陸して船から下りるときに、もうそのことばっかりかんがえてるにきまっている。（中略）今の日本の淫売どもといったら、何百万いるか知れやしねえ。（中略）うちの職人でも、養いもなんもできねいようなのらくらに、三人も四人もひっついて追っかけ回してるんだから。……米一升ならどうにでもなる、なんてのはザラにあらあ。なにしろ日本の女あいま余っているんだからな。けんどおぼこはも勿論《もちろん》いけねえ。アメリカ兵のおもちゃにさせられるのは勿体《もったい》ねえ。芸者、女郎、女給なんてえのは、工場なんかに動員されたってってんで駄目だったが、こっちなら本職だ。日本の女あその道にかけちゃ、ちょっと世界に類がねえほどうめえっていうぜ。

それにあいつらだったら、アメリカ人ってきいたら、いっそうれしがって、首ったまに飛びつくにきまっててる。満天下に募集してみろ、たちどころに何十万と集まらあ。なにしろ、飢えて飢えて、足をばたばたさせてるのが多いんだから。何とか特攻隊とでも名づけるかね？　へっへっ。日本の処女の防波堤？　国体の護持？　御冗談でしょう。あいつらに国体もシャケの頭もあるもんか。またそれでいいんだ。うれしがって、毛唐の鼻毛を数えてりゃあ、それが御国のためになるっていうもんだ」（山田２００２、四三八～四三九ページ）

「おやじ」は、売春に従事する女性を「淫売」と罵り、「女あいま余っているんだから」と、アメリカ兵に差し出し、「それが御国のためになる」と断言している。その言葉の端々には、日頃は性のはけ口として遊郭を利用しておきながら、彼女たちを蔑視することを厭《いと》わない姿を垣間見るようである。それは、当時の男性の一般的な感覚だったのかもしれない（女性も含めて）。

この日の日記は、大洋製作の「おやじ」が語ったことを、「　」書で示し、山田の感想は全く記されていない。市井に生きる人々を、客観的に分析するために、山田は「アウトサイダー」に徹したのであろうか。

一九四五年九月九日の日記では、当日の新聞記事を受けて以下の感想を述べている。

「娘を捕まえてキスをする者。軍人と見れば襲いかかりて軍刀を奪う者。これ米兵なればやむなし。されどこちらよりして県庁にて米兵用のダンサーを募集したり、或いは自ら戦争犯罪者を裁くべしなど叫んだり――まさに醜態の極みならずや」〔山田２００２、四八五ページ〕

この日の日記の「県庁」とは、当時山田が在学していた東京医学専門学校（後の東京医科大学）が、戦況が厳しくなる中で一九四五年から戦後しばらく長野県飯田市に校舎ごと疎開していたことから、「長野県」を指していることがわかる。

この記述から、長野県も、東京都や他県と同じく警察組織や公的機関が介在して「慰安婦」を募集していたことが見てとれる。公的機関が占領軍用のダンサー等を募集している様を山田は、「醜態の極み」と批判的に捉えている。

九月以降の日記では、アメリカ将兵に関する記述が多くなってくる。九月一九日の日記には、横浜から帰ってきた友人安西の見聞を残している。

「九月十九日　（アメリカ兵は）ジープに乗って走っていて、女がいると騒ぐ、手を振る。ふつうの女は真っ蒼になって逃げるが、花柳界の女たちはもう手をつないで本牧あたりを歩いている」〔山田２００２、五〇九ページ〕

山田は、女性を「ふつうの女」と「花柳界の女」と区別して使用している。その根底には、根強い女性蔑視の思想がうかがえる。

「九月二十日　暴行を働かれた日本の女が、敵の屯営でいかなる損害賠償を望むかときかれ、洋服一着を所望したという」（同前、五一二ページ）

「十月二十二日　伊勢丹の所の十字路で、アメリカ兵が通行中の日本娘二人をジープの中に抱き入れて、膝に抱っこして飛んでいってしまった。悲鳴をあげるどころか、娘たちは顔を真っ赤にして、しかし眼はかがやいて笑っていた」（同前、五七三～五七四ページ）

「十月二十八日　新宿につき、病院にいったがまだ蒲団にはついていない。（中略）病院前の往来を、日本娘をのせたアメリカ兵のジープが矢のように走っていった。（中略）二人の日本娘を従えたアメリカ兵が散歩している。みな憮然《ぶぜん》としてそのあとを見送り、『これからは女の方がいいかも知れないな』」（同前、五九六ページ）

「十一月二十八日　四時ころ劇場を出て、日比谷公園に入って見る。（中略）噂の通り、なるほど進駐軍がいたるところ日本娘の頸《くび》や腰に手を巻いて座っていたり歩いていたりする。中には向かい合ってブランコにのっている組もある。

日本人は首さしのばし、この風景を見るがごとく見ざるがごとく歩いている。ベンチの端では老人がぼそぼそと芋をかじっているのに、反対の端では抱き合って、チューチューナンナンとやっている」（同前、六三三ページ）

「十二月一日（習志野を通るバスの中で女性と会話している老人の話）『とにかく負けたってことはみじめなもんですな』

『でも、案外大したことなかったじゃありませんか。何しろ政府の宣伝がひどかったですものね。男という男はみんな殺される。女はみんな黒ん坊の人身御供《ひとみごくう》になるなんて』

『ほんとアメリカの兵隊なんて親切ですねえ。あたしにも年ごろの娘がいてずいぶん心配したものですけど、今じゃ進駐軍のクラブに勤めています。何でもないわなんて笑っていますよ』」（同前、六三九ページ）

「船橋へんの遊郭、今や日本人など相手にしないそうで、近隣の若い男は悲鳴をあげているそうである。向うの方（アメリカ兵）が気前がよくて、煙草やチョコレートをくれて、あっさりしているからだそうである」（同前、六四〇ページ）

「十二月九日（東京駅）駅前の広場にも進駐軍が歩きまわっている。たいてい日本の娘を連れている。ビルのあちこちには畳三畳分くらいありそうな星条旗が碧空に翻っている」（同前、六五五ページ」

終戦数ヶ月足らずで、占領軍兵士と日本人女性の交流が増えていたことが山田の日記から読み取れる。一一月二八日の日記では、山田は日比谷公園での占領軍将兵と日本人女性のデート風景を活写しているが、このような光景が日常化していたことは、2章で引用したアメリカのグラフ雑誌

『ライフ』一九四五年一二月三日号の記事とも符合する。

山田は、当時の世相や戦争に鋭い目を向けているが、多分に彼自身の生育歴が影響を与えている。生家は代々医業を営み、父も兵庫県養父郡関宮村（現・養父市）で開業していた。五歳（一九二七年）で父を亡くし、その後、母は父の弟（叔父）と再婚。旧制中学二年（一四歳、一九三六年）には、母も亡くなり叔父は別の女性と再婚をしたことから、叔父との関係は破綻《はたん》した。一九四二年二〇歳で徴兵検査を受けたが、丙種となり入隊を免れた。その直後、家出同然で上京し、沖電気軍需工業（品川区）で働きながら医学校を目指し、二二歳（一九四四年）で東京医学専門学校（現東京医科大学）に入学し医師を目指した。

山田のアウトサイダー的視点は、幼少期の両親の死亡、叔父家族との不和、多感な青年期の戦争、徴兵検査での不適格（丙種合格）が、その形成に大きな影響を与えたと考えられるし、「社会からの疎外や劣等感」が、山田の思想を形成したと思われる。

山田は、占領軍将兵の行動そのものには、卑屈なまでに批判的に記述していないにもかかわらず、女性、特に占領軍将兵に媚《こび》を売る女性や「慰安婦」に関しては事実を淡々と描いている。

四　徳川夢声『夢声戦争日記』

徳川夢声[5]は、島根県益田市生まれで東京に育ち、東京府立第一中学校（現在の都立日比谷高校）を卒業後、一九一三年に活動写真の弁士となった。文才があり、小説、エッセーも多数執筆している。また、生涯にわたり詳細な日記をつけており、特に一九四一年から一九四五年までの日記は、『夢声戦争日記』（全五巻）として一九六〇年に中央公論社から出版されている。その後、一九七七年には、文庫版『夢声戦争日記』（全七巻）が中央公論社より出版されている。また、同日記は、当時の世相を知る貴重な史料とされている。

一九四五年八月二二日、夢声は、娘（無声には三人の娘がいる。その一人、「高子」）が会社で渡された「日本の娘たちに与える注意」のガリ版刷を読み、感想を実直に記している。

「八月二十二日

何箇条かの文章いずれも日本ムスメがヤンキーに弄《もてあそ》ばれざるよう、部屋に這入つたら背後の扉を開けておけだの、一人操縦の自動車に乗せて貰うなだの、物を貰ってはいけないだの、の類なり。

第一次世界大戦後、ドイツの某地に、仏蘭西黒人部隊駐屯して、その地に黒白の混血児数十万生れた、という話を吾が娘たちに聴かせ、父親として釘をさしておく。

教養低きヤンキー兵ども、舌なめずりしつつ、日本ムスメをモノにせんと、張り切りで来るのかと思うと、甚《はなは》だ屈辱を感じる。

ところで、女性の一つの特性として、異人種に興味を持つもの。この注意書を読みて、彼女たちは恐らく、フンガイと好奇心とを半々に感ずるならん。〔中略〕

なんにしても、娘の父親たるものは、この際、妙てけれんな圧迫を感じるなり。

ヤンキー相手の悲劇と喜劇、これより日本本土に充満するならん。

敗戦国の父親のみ、冷然として吾れは迎えばや」〔徳川1960、一六九〜一七〇ページ〕

夢声は、次の引用に見るように、三人の娘を持つ親として、占領軍将兵を「無教養ヤンキー」〔同前1960、一九七ページ〕などと罵り、女性が陵辱されることを心配している様が窺《うかが》える。しかし、日本軍が占領地で行った性暴力を、戦後占領軍が同様のことを行うことに「これが戦争の論理」〔同前、一九七ページ〕と一定の「理解」を示している。これは、戦中には政府の政策を無批判的に信じた夢声が、終戦間もない頃も、未だ日本政府のやり方を無批判に信じ込むという呪縛から解き放たれていなかったことの証《あかし》であろう。

「九月五日
敗戦国民が、味わわねばならない、定食のこんだてには、女子陵辱がつきものだ。既にボツボツと怪しからぬ噂を聴く。年ごろの娘を三人抱え、老いたりとは言え女には相違ない妻を有する私としては、平気でいられない問題である。アワヤという場面を、チラと想像するだけで、忽《たちま》ち不愉快になって了《しま》う。（中略）
米兵の暴行と聴いて、私はヤンキーの思い上がった振舞をのみ想像に描いていたが、――無教養ヤンキー、ギャング上り、ルンペン上り、人足上り、百姓上り、下級労働者上り、などの兵隊が、酔っ払って暴れるぐらいに考えていたが、――今日聴くと、ニグロとフィリッピンの暴行が一番始末が悪いという。
こいつ等は、この女と見当をつけると、身体をはるから叶《かな》わない、と漫才の千太君が言う。なるほど、そいつは実に叶わない。
『日本軍のやったことを、俺たちもやるんだい、文句はあるまい』
なるほど、一理あるような、ないような。これが戦争の論理なのであろう。（中略）
さて、この夜のこと、上野原から帰つた富士子（夢声の娘）の報告、――八王子から吉祥寺まで列車が駅で止らず、妙な半端な所で止まった、ヤン兵が発砲するかもしれないという訳だそうだ、――八王子駅で、印度人の兵隊が窓から手を入れ、富士子の身体を撫でた、と言う」（同前、一九七ページ）

「九月二十八日
醜女のバカ化粧は実に見ていて腹のたつものなり。（中略）
今日もこの種の女二人連れなるを、駅の歩廊にて見かけたるが、想うに彼女らは、アメリカの兵に、目をつけらるを期待せるものなるべし。国辱を型にして現わさば、斯《か》くの如くあらん。醜女に生まれついたるが気の毒とは、毛頭思わず。（中略）
彼女たちこそ、殊勲甲に価する勇者なりと言うべきか？」（同前、二二八ページ）

九月五日の日記では、性暴力に関して、「日本軍のやったこと」を彼らも行っているだけとして否定も肯定もしていないが、「これが戦争の論理」として諦めている姿が見えてくる。また、醜女（ここでは、娼妓や売春婦を意味している）が米兵に媚を売るように振る舞うことが、女性たちを性暴力の被害から救ってくれていると「彼女たちこそ、殊勲甲に価する勇者なり」とし褒め称えている。

当時の教養人とされた夢声ですら、娼妓や売春を行う女性を、女性一般と区別し彼女たちに性の防波堤としてその責任を負わすことに何の躊躇《ちゅうちょ》もなく日記に書き残していることから、当時の教養人、いわんや一般市民が、女性の人権にきわめて無頓着であったことが推察できる。

さて、福島劇場で興行二日目の一九四五年一〇月七日では、夢声は近くのキャバレーに飲みに出る。そこで、アメリカ軍士官一向に遭遇し、「このキャバレーで見た、アメリカの士官たちに、すっかり感服してしまった」〔徳川1960、二三九ページ〕と一種の興奮をもって語っている。

「十月七日

彼らが一向に勝った顔を見せていないことだ。少しも勝利者の威厳を誇示するという様子がない。（中略）征服者の士官が、被征服者のダンサーに対して、甚《はなは》だインギンをきわめる。女の臀《しり》が椅子に納まるまで、自分は起《た》っていて、その椅子をボーイの如く動かしてサービスする。それから、自分が便所に立つ時は、必ずダンサーにその趣きを断つてから行く」〔同前、二三九ページ〕

この日の日記の最後に、「こうした彼等の遊びぶりを見て、つくづく自分たちの野蛮性を、私は感じさせられたのである。なるほど、戦争に敗けたのはアタリマエという気がしたのである」〔同前、二四〇ページ〕との感想を記している。

この件については、出版する際にわざわざ注を入れている。

「注、彼等は歴戦の勇士であったから、斯《かく》の如く紳士であったのだ。アメリカ兵にもピンからキリまであることは、後に到って私は知らされたのである」〔同前、二四〇～二四一ページ〕

夢声は福島劇場興行の折は、米兵を紳士と評していたが、結局「ピンからキリまである」とし評価を変えている。ここにも、男性中心社会のご都合主義が見え隠れしている。

五　回想録から見えてくる終戦と女性観

(1)　吉村昭『東京の戦争』

吉村昭[◆6]は一九二七年東京・日暮里生まれで、生家は、布団寝具を製造する工場や紡績工場を経営し、寝具店や鉱山に卸す裕福な家庭であった。終戦前年の一九四四年には母が子宮癌《がん》で死亡、父も終戦の年（一九四五年）一二月に癌で亡くなる。終戦時旧制中学最終年で、父母の死亡を受けて将来の就職を考え進路に悩んでいた時期である。

ここで取り上げるのは、吉村の回想録『東京の戦争』で、初出は、文芸誌『ちくま』二〇〇〇年七号から二〇〇一年九号まで連載されたエッセイを二〇〇一年七月に単行本として再構成したものである。執筆当時、終戦から五五年が経過しており、終戦時の記憶は、その後の膨大な情報や最新の研究成果の吸収等によって書き換えられている可能性を否定できない。しかし、長い年月の中で、自らの体験したことを相対化し文章化していく作業の中で、高度に客観化・抽象化された叙述からであっても、読み手がその人物の経験を俯瞰《ふかん》的に読み解くことは可能である。

吉村の青春時代は、戦中戦後の真只中で、空襲、米戦闘機、親の死、進駐軍との遭遇などを淡々と綴っている。吉村は、「進駐軍」の章では、他の章とは打って変わって感情を露わにしている。終戦間もない頃の情景を綴り、米兵が投げたチョコレートを拾う子どもに混じり大人が拾っている姿を「情無かった」と批判的に見ている。

「或る日、私は、思いがけぬ情景を眼にした。

停車した軍用トラックから、米兵たちが笑いながらチョコレートやキャンディを投げている。道に落ちたそれらを子供たちが争うように拾っていたが、驚いたことに初老の男も子供に混じって拾っている。

（中略）無心な子供が拾うのは仕方ないとしても、大の男が拾う姿は情無かった。たとえ国破れたりとは言え、敵として戦っていた米兵のばら撒《ま》くものを手にすべきではない、と思った。

私は、物悲しい気持ちになり、そうそうにその場をはなれた」（吉村2001、一六四〜一六五ページ）

吉村は幼少期から青年期まで、布団綿製造工場、綿糸紡績工場を経営する家庭に育ち裕福であったことから、当時の一般的な庶民のように食うに困っていたとは考えられないが、生きるためには敵国米兵がばら撒くチョコレートであっても拾わざるをえない大人に「容赦ない眼」を向けている。

彼の偏見は、時として女性たちへも向けられている。

米兵の健康な体躯《たいく》を「臀部《でんぶ》の豊かさに、かれらが栄養価の高い食物を日常ふんだんに摂取しているのを感じた」〔同前、一六六ページ〕と感嘆し、その対比として、「若い日本の女」を批判的に描写している。


「不快なのは、かれらと手をにぎり合って歩いている若い日本の女たちだった。

原色に近い色の派手な服を着、濃厚な化粧をして嬉々として兵たちにすがりついて歩いている。露地で大きな兵に抱きかかえられ、ハイヒールの爪先を立ててキスされている女もいた。肩をかかえられてジープに兵たちと笑い声をあげながら乗っている女もいたし、電車の進駐軍専用車に誇らしげに乗っている女もいた。

彼女たちはパンパンと俗称された街娼で、一人の将兵に独占される部屋をあてがわれていた女は、オンリーと称されていた。彼女たちは将兵から衣服、食料品をもらっていて、豊かそうであった。

或る日、銀座で若い兵と手を握り合って歩いている若い女を見た時は、強い衝撃を受けた。それは、街娼とは異なった良家の子女らしい服装と化粧をした美しい娘だった」〔同前、一六六～一六七ページ〕

吉村は、日本政府や警察組織が関わり占領軍用の「慰安」施設を造っていたことを知っていたのであろうか。また、各地での「慰安」施設で性病が拡大したことで、占領軍が将兵の「慰安」施設への立ち入りを禁止(オフ・リミッツ)とし、やがて売春防止法が施行されたことで、基地周辺で娼妓の街娼化が進んだのであった(3章で詳述)。吉村が見た女性たちは、自らの意志で「パンパン」になったのであろうか。「性の防波堤」として、多くの女性を「慰安婦」として募ったことを、強制性はなく、女性は自己の意志(自己決定)で「慰安婦」や売春婦となったと結論づけられるのであろうか。この点に関する認識が、吉村の場合もすでに見た文人たちのそれと変わらないことをまず指摘しておきたい。

吉村は、「進駐軍の兵とともにいる女に同じ日本人として苛立ちと腹立たしさを感じた。少し前までは敵国人であった進駐軍の兵に肉体を売る女たちが許しがたく、卑怯にも思えた」(吉村2001、一六七ページ)と、きわめて否定的、差別的な表現で彼女たちを非難している。

吉村の「肉体を売る女」を見る目と、「良家の子女」への視線は、かなりの相違がある。同書が執筆されたのが戦後五五年を経た二〇〇〇年であるにもかかわらず、日本における女性観や女性の地位が先進国に比べ遅れたままの状態であったことが読み取れる。

(2) 小林信彦『一少年の観た〈聖戦〉』

小林信彦[7]は、江戸時代から続く東京両国の老舗和菓子屋「立花屋」の長男として一九三二年に生まれ何不自由なく育ったが、一九四五年三月の東京大空襲で実家が焼失、進学した東京高等師範学校附属中学校（現・筑波大学附属中学校・高等学校）も空襲で焼失し、新潟県に疎開。終戦後一九四六年一二月に東京に戻り復学した。

進学した早稲田大学では英文学を専攻したが、父の死亡と、実家の土地が騙し取られる等の不幸も重なり生活は困窮した。卒業を前にマスコミ分野への就職を希望したが当時の就職難の中で失敗し、叔父の経営する塗料会社へ就職した。その後、職を転々とし、一九五八年出版社「宝石社」の顧問として採用された。同社では、一九五九年創刊のミステリーマガジン『ヒッチコックマガジン』の編集長となる。この頃より小説を書くようになる。

『一少年の観た〈聖戦〉』（小林1995）は、一九四〇年から憲法公布の一九四七年までの状況をまとめた随想である。埼玉県飯能、新潟での疎開生活、戦後の闇市、少年時代の体験も織り交ぜながら当時の生活を描き、率直な感想を綴っている。

同書の「日本が崩れる日」の章では、当時、占領軍兵士による女性への強姦《ごうかん》を恐れていたことを吐露している。ただ、そこには新聞社への不審も覗《のぞ》かせている。

「あくる（八月――引用者注）二十一日の新聞は、〈有難い御仁慈の灯　明るくなった帝都　たゞ再建に必死のご奉公〉という見出しで、国民の〈ひたすらの御奉公〉を強調している。戦争に負けたことへの言及、それまでの虚偽の報道への反省は、一行たりともない。

八月十五日を過ぎても、「朝日新聞」は〈敵兵〉という表現をやめず、〈女子は隙なき服装を〉と呼びかけている。強姦されるぞ、と、ほのめかしているのだ。

（中略）

戦争は終わったというが、要するに、負けたことは、みんな知っている。とすれば、常識であった〈男はペニスちょん斬りで奴隷、女は強姦〉の線はまだあると、ぼくはみていた」〔小林1995、一六五ページ〕

小林は、その後RAAが設置され、多くの女性が占領軍兵士の性的「慰安」に供されたことに関しては記述していないが、当時「女は強姦」と表現するように、戦争下では常に女性が陵辱されることを認識していたし、小林の「常識」との表現から、それが当然視されていたのであろうことがわかる。

また、小林は、『一少年の観た〈聖戦〉』の中で、戦前は日本の侵略戦争を実質的に黙認し虚偽の報道をしてきた「新聞」が、戦後「反省」をしていないことの怒りを露わにしている記述を残しているが、終戦時一三歳の小林少年が早熟だとしても、当時の小林の感情と捉えるのには無理がある。雑誌社での長年の編集経験で、幅広い知識を得て、終戦から五〇年を経た一九九五年当時の小林の感情と捉えるのが正しいと思われる。

（3）小関智弘『東京大森海岸ぼくの戦争』

小関智弘◆8は、一九三三年東京生まれで、東京都立大学附属工業高校を卒業後、一八歳から大森の町工場で旋盤工として五一年間勤務。旋盤工の傍ら、一九六〇年代から同人誌等に小説を発表。一九七七年『鋳色の街』で直木賞候補、一九七九年『羽田浦地図』で芥川賞候補となる。一九八一年『大森界隈職人往来』で日本ノンフィクション賞を受賞している。

小関は、随想や小説に、たびたび大森界隈を登場させている。大森は、ＲＡＡが最初の占領軍「慰安」施設を設置した場所であり、一九四四年には捕虜収容所（平和島）が設置されたところであった。この頃のことは、小関少年の中にも鮮明な記録として残っていたようだ。

> 「そのわずか（終戦を迎えた一九四五年八月一五日から——引用者注）十数日の間に、平和島とは目と鼻の先、たぶん収容所からは直線距離にすれば百メートル前後の、運河を挟んで向かいあう陸側で、驚くべきことが計画され、実行された。日本の善良なる婦女子の純潔を守るための新しい防波堤がつくられたのである。
>
> 木崎と第一京浜国道（国道十五号線）が交差するあたりから品川方面に向かって鈴が森交差点にかけて、かつて国道の海側にずらっと高級料亭が並んでいた。

たまたまそこを車で通った皇族のひとりが『あれは何の宮のお邸《やしき》か』とたずねたというエピソードが残るほどの建物であった。平和島が出現する前、料亭の裏庭は海に面して眺めがよく、そこで近海でとれる江戸前の魚が名物料理であった。

その一郭に防波堤はつくられた。まず最初が小町園、続いて悟空林という料亭である。防波堤の名前はＲＡＡ（特殊慰安協会）という」（小関２００５、一七四ページ）

「八月二十七日、慰安施設第一号として、進駐軍上陸コースにある京浜国道に面した、大森小町園が開設され、まず五十人の女性たちが送り込まれた。急造の突貫工事で、十畳、二十畳の大部屋をカーテンや屏風で仕切り、三十余りの割り部屋ができあがった」（同前、一七八ページ）

そこで繰り広げられたのは占領軍将兵に性的「慰安」を提供することであったが、終戦当時一三歳であった小関少年は、詳しいことは理解していなかった。しかし、この点に関して以下のように記している。

「筆舌に尽くし難いことが、その大きな料亭で進行しているとは露知らず、わたしたち少年は、上陸用船艇で横浜に上陸したという米兵たちがジープを止めて、なにやら陽気にはしゃいでいる様子を見物していた」（同前、一七九～一八〇ページ）

自責の念を込めて語る小関は、さらに、RAAの原型が、戦中の日本の占領地や国内での「慰安」施設にあると述べている。

「戦地だけではない。戦争中の内地でも行われていた。しかも同じ大田区の、いまは羽田空港の敷地に埋もれた旧蒲田区穴守町でのことである。（中略）戦争が激化した昭和十九年に、江東区洲崎（明治以来の遊郭のあることで知られる）の業者が入りこんで、ここにその名も同じ特別慰安所をつくった」〔同前、一八〇〜一八一ページ〕

一九四四年二月二五日には、政府は「決戦非常措置要綱」を閣議決定し、学徒動員体制、国民勤労体制を徹底した。要綱では、「家庭ノ根軸タル者ヲ除ク女子ノ女子挺身隊強制加入ノ途《みち》ヲ拓キ且《かつ》之《これ》ニ即応シテ官庁側ノ指導、斡旋《あっせん》、保護ノ充実ニ遺憾ナカラシム。右ニ関連シ速《すみやか》ニ動員機構ヲ整備シ特ニ軍動員トノ関係ノ緊密化ヲ図ル」とし、当時女学生だけではなく、娼妓、芸妓も「女子挺身隊」に組織され、軍需工場等で働かされた。

小関によると、「昭和二十年六月。穴守の慰安施設特別許可なる。穴守町750番地付近六五〇〇坪を、産業戦士に対する慰安施設として臨時私娼黙認地域を認可」〔同前、一八一ページ〕とある。産業戦士とは、軍需工場で働く労働者一般である。

「昨日、お国のためだと言われて軍需工場で慣れない手つきで通信機の組立てをやらされた彼女たちが、明日はやはりお国のために、産業戦士たちのために体を開かされた。戦争は常に弱いものを犠牲にする。ＲＡＡ第一号として、京浜国道沿いの小町園が開業するわずか三ヶ月前、そこからわずか四キロほどしか離れていない羽田穴守町に、ＲＡＡの原型が存在していた」（同前、一八二ページ）

下町大森に長らく旋盤工として働き、戦中、戦後を生きてきた小関は、あくまでもそこに暮らす住民の目線で素直に記述している。小関は、国や警察が直接関わり設置した「特殊慰安施設」や「慰安婦」問題を真摯《しんし》に受け止め、私見を吐露している。

「第二次大戦の敗戦国ドイツやイタリアでも、同様の女性たちが存在した。ただ小町園や悟空林に集められた女性たちは、園長がいみじくも言ったように『国策』によって集められたという点でのみ、違っていた。その恥知らずな国策を取った国は世界でも日本だけである」（同前、一八七ページ）

上記の小関の指摘はたしかにその通りだが、占領軍「慰安」施設の創設に日本政府だけでなく占領軍の意向もはたらいていたことは、すでに指摘した。２章でふれたように、終戦当時、東京都民政局予防係長・与謝野光、同東京都渉外部長・磯村英一は、共に「慰安」施設設置に関しては占領軍からの要請があったことを認めている。

先に引用した小関の文章の中に、「園長がいみじくも言ったように『国策』によって集められた」とあるが、真壁昊《ひろし》「生贄にされた七万人の娘たち」〔真壁1978、二二四ページ〕には、小町園の所長であった高松八百吉の話として記述がある。これは、一九四六年三月二七日、占領軍が「慰安」施設での性病蔓延《まんえん》を理由としてRAAの「慰安」施設をオフ・リミッツにした時に、高松が「慰安婦」に語った話である。

「今日限りただいまからすぐ、RAA関係の慰安所は一際オフ・リミットになったから、諸君は適当に職を探してもらいたい。……協会は営利事業ではなく、国策的な仕事であった関係上、ほとんど利潤は上がっていない……せめてお国のために尽くしたという、ただ一つの誇りを土産として、慰めとしてお別れしていただきたい」〔真壁1978、二二四ページ〕

筆者が対象とした小関の『東京大森海岸　ぼくの戦争』は二〇〇五年に出版されて、既に戦後六〇年を経ての執筆であり、小関の記憶だけで書かれたものとは言い難い。また、終戦時一二歳の少年であったことを考えると、当時の小関少年が、RAAをめぐる状況を正確に理解していたとは考えられない。同書においては、終戦後まもない大森の状況を、4章「戦争は終わっても」とのタイトルで記述しているが、本人と家族の話題以外は、既刊の文献を引用しその感想を述べるスタイルに終始している。従って、小関の述べる終戦直後の情景・感情が、戦後の六〇年間における様々な情報をもとに「再構築」されている可能性が高い。しかし、同書がエゴ・ドキュメントとして価値が低いのではなく、そうした情報の再構築の中に、当時の体験を織り込んで伝えていこうとする意義は大きい。

当時の小関は少年でありＲＡＡ小町園に関しても、その具体的目的等は知る由もなく、「米兵たちがジープを止めて、なにやら陽気にはしゃいでいる様子を見物していた」と当時を思い返しているのみである。一方で、小関は、終戦の前年一九四四年には占領軍「慰安」施設「小町園」の原型となる施設が、隣接する穴守町にあったことを国家の罪として批判的に述べている。これは、小関の戦争体験、大森で市井の人として生きてきた故の、素直な感情だと理解できる。

＊

本章では、分類上、日記と回想録を分けて分析した。日記は、オンタイムで記されたものであり、当時の社会・文化的背景の枠の中で論じられ、その意味では当時の社会背景・文化が市井の人々の思考回路にどの様に影響を与えたのかを理解することができる。他方、回想録は後年、まさに自らの人生を顧みて記憶や発行された文献を頼りに「回想」することから、その間の見聞に多分に影響され、記憶も曖昧となり書き換えられている場合が多い。また、回想録における書き手自身による分析も、執筆された時代の社会的文化的水準の影響を受けていると考えられる。
ＲＡＡ等の占領軍「慰安」施設は、日本政府、警察組織、そして占領軍が直接関わり設置され、多くの女性が性暴力を受けた。また、設置後半年で占領軍の司令によりオフ・リミットとなり、何の保障もされず放り出され、多くが街娼（パンパン）になり売春をせざるを得ない状況に置かれていた。占領軍「慰安」施設は、政府にとっては日本の恥部なのかもしれないが、事実として国がその真相を明らかにしていく責任もあるし、戦中の従軍「慰安婦」問題と同様に「性暴力・人権問題」として真摯に向き合うことが必要である。

注

◆1　高見順は、一九〇七年福井県生まれ。一九三〇年に東京帝国大学卒業後、『故旧忘れ得べき』で注目され作家となる。小説発表とともに詩作にも力を入れた。また、膨大な日記類も残したことで有名である。
◆2　大佛次郎は、一八九七年横浜市生まれ。一九二一年東京帝国大学卒業と同時に小説家としてデビュー。『鞍馬天狗』シリーズで時代小説家として有名になった。
◆3　三業地とは、芸妓置屋、料亭、待合からなる三業組合が組織されている区域。
◆4　山田風太郎は、一九二二年兵庫県養父郡関宮村生まれ。終戦当時医学生で、生涯に一〇〇冊を超える小説を書き、ノンフィクションも得意とした。

◆5　徳川夢声は、一八九四年島根県益田市生まれ。一九一三年に無声映画の活弁士となり名を馳せる。戦中は、漫談や演劇に転じ、その頃よりNHKラジオでも活躍した。戦後には、小説やエッセイの執筆もこなすようになった。

◆6　吉村昭は、一九二七年東京・日暮里生まれ。生家は紡績工場等を営み比較的裕福であった。家庭においては文学的環境ではなかったが、中学に進学後、兄英雄の影響で芥川賞・直木賞受賞作の書籍を読むようになり、小説に関心を持つようになった。一九五八年『青い骨』を自費出版し作家としての道を歩む。その後、一九五九年に発表した『鉄橋』は第四〇回芥川賞候補となっており、作家活動中一九六六年『星への旅』で太宰治賞を受賞。一九七三年には、『戦艦武蔵』、『関東大震災』により菊池寛賞を受賞した。これ以後、記録文学に新境地を拓き、証言、史料を駆使し、精緻な記録文学・歴史文学を執筆している。

◆7　小林信彦は、一九三二年東京・日本橋生まれ。生家は、江戸時代から続く和菓子屋で比較的裕福な家庭環境で育った。幼少期から浅草で映画や演劇に親しみ、高校時には映画研究会を立ち上げ文化文芸に関心を持つようになった。早稲田大学卒業を前に、就活でマスコミを受けるも失敗、不本意ながらサラリーマンになり鬱積する中で推理小説や大衆文学を読み漁り、小説に興味を持ったといわれている。

◆8　小関智弘は、一九三三年東京大田区生まれ。工業高校を卒業後、生まれ育った大田区周辺の町工場で旋盤工として働き、一九六〇年代から同人誌に小説やエッセイを発表するようになる。一九七七年発表の『鋳色の町』では、直木賞候補ともなった。一貫して下町の一工員としての姿勢を崩さず、市井の人々を活写している。

引用文献

・Dekker, R. 2002 Jacques Presser's Heritage: Ego documents in the Study of History, Memorially Civilization, May 2002.
・橋本嘉夫1958『百億円の売春市場』彩光新社、一九五八年。
・長谷川貴彦2020「エゴ・ドキュメント研究の射程」、長谷川貴彦『エゴ・ドキュメントの歴史学』岩波書店、二〇二〇年。
・神奈川県警察史編さん委員会1974『神奈川県警察史　下巻』神奈川県警察本部、一九七四年。
・小林信彦1995『一少年の観た〈聖戦〉』筑摩書房、一九九五年。
・真壁旲1978「生贄にされた七万人の娘たち」、猪野健治『東京闇市興亡史』草風社、一九七八年。
・大佛次郎2007『終戦日記』文藝春秋社、二〇〇七年。
・小関智弘2005『東京大森海岸ぼくの戦争』筑摩書房、二〇〇五年。
・高見順2005『敗戦日記』中央公論新社、二〇〇五年。
・徳川夢声1960『夢声戦争日記　第五巻　昭和二十年』中央公論社、一九六〇年。
・山田風太郎2002『新装版　戦中派不戦日記』講談社、二〇〇二年。
・吉村昭2001『東京の戦争』筑摩書房、二〇〇一年。

第5章　エゴ・ドキュメント分析　2

——日本国憲法GHQ草案作成に関わった米国人

封建制社会における支配層の武家においては、「家」対「封建領主」、一般庶民においては「個人」対「個人」とする忠孝精神を、全ての国民において、日本の天皇制を支える「家」対「天皇」とする基本的社会基盤まで浸透させたのが明治憲法及び明治民法であった。この明治憲法下では、法律の留保付きで「臣民の権利」が与えられたが、男尊女卑に加え、「家」制度による男性家長支配という二重の差別の中で、女性に対してはその権利の多く（例えば参政権、財産相続権など）は付与されることはなかった。

しかし、第二次世界大戦敗戦後の占領下、平和憲法制定への動きの中で、日本国憲法GHQ草案（以下、GHQ草案）には多くの人権規定が盛り込まれ、その後の日本国憲法制定に多大な影響を与えた。現在の日本国憲法一四条「法の下の平等」、二四条「家族生活における個人の尊重、両性の平等」は、家制度に埋没する女性を基本的人権の主体者へ昇華させたのはいうまでもない。

この人権条項の起草に関わったのがH・E・ワイルズとベアテ・シロタである。二人が共に回想録を執筆しているのは偶然ではあるが、GHQ草案、日本国憲法に与えた二人の女性観・性意識を詳《つまび》らかにしたい。

一　日本国憲法制定に関わる経緯

戦後日本の民主化のターニング・ポイントは、日本国憲法の制定であることは誰しもが認めるところであるが、一方で憲法がＧＨＱ／ＳＣＡＰ（連合国軍最高司令官総司令部）による「押しつけられた憲法」であり自主的なものではないとの認識もある。例えば、政府衆議院憲法審査会事務局が二〇一六年一一月にまとめた『「日本国憲法の制定過程」に関する資料』でも、「マッカーサー草案が提示され、この草案を指針として日本国憲法が作成されたことについて、現行憲法は『押しつけられた』非自主的な憲法であるとの見解がある」（衆議院憲法審査会事務局２０１６、三ページ）と記している。

しかし、当時の憲法改正に関する動きは、既に終戦の年（一九四五年）の九月には始まっていたのである。内閣法制局第一部長・入江俊郎が、一九四五年九月半ばには非公式に憲法改正のための事務的検討を始め、同一八日には「終戦と憲法」とのメモを法制局長官に提出している。同メモには、軍制度の廃止にともない改正を要する項目として、「統帥《とうすい》大権、戒厳大権、兵役の義務」を削除することを挙げている（福永２０１４、七九ページ）。

一九四五年一〇月一一日、首相・幣原喜重郎《しではらきじゅうろう》は首相就任挨拶のためGHQのマッカーサー元帥を訪問し、その折に、マッカーサーは、日本の憲法の自由主義化を求めるいわゆる「五大改革」を口頭で指令した。

その内容は、「一、婦人に参政権を与えることにより、日本の婦人を解放する。二、労働者の組合組織化を奨励する。三、幼年者労働の慣習の持つ悪弊を除く。四、学校をより自由な教育に解放する。五、秘密の尋問と虐待で常時国民を恐怖におとしいれていた諸制度を廃止する。思想の自由、言論の自由、宗教の自由を維持せねばならない。六、日本の経済機構を民主化する。七、社会的災害を防ぐため国民の住宅、食糧、衣料に関して政府がすみやかに活発な行動をおこす」〔マッカーサー2003、四三八～四三九ページ〕などである。

ただマッカーサーは、日本に民主的国家を建設するための要望であり、アメリカ製の憲法を押し付けたいとの意図はなかったとしている。それは、「私はアメリカ製の憲法を作って日本側に命令でそれを採択させるということはしなかった。憲法改正は日本人自身が他から強制されずに行うべきだったから、私は偶然の環境で絶対的な権力をにぎった征服者が完全に受身でなんの抗弁もしない政府にその意志を押しつけるというような形で、アメリカ製の憲法を無理押しに日本人にのみ込ませることだけはやるまいと心にきめていた」〔同前、四五〇ページ〕との回想からも窺《うかが》い知れる。

マッカーサーの五大改革指令の後、幣原内閣は一九四五年一〇月二五日に憲法問題調査会〔委員長・松本烝治《じょうじ》〕を発足させ、憲法改正論議を開始した。

幣原は、マッカーサーから贈られたペニシリンで病気が回復したお礼に、一九四六年一月二四日マッカーサーの事務所を訪れている。その折、幣原は「新憲法を書き上げる際にいわゆる『戦争放棄』条項を含め、その条項では同時に日本は軍事機構は一切もたないことをきめたい、と提案した。そうすれば、旧軍部がいつの日かふたたび権力をにぎるような手段を未然に打消すことになり、また日本にはふたたび戦争を起す意志は絶対にないことを世界に納得させるという、二重の目的が達成せられる」〔同前、四五六ページ〕と述べた、とマッカーサーは回顧録に記している。

幣原の発言に対してマッカーサーは、「この時ばかりは息もとまらんばかりだった。戦争を国際間の紛争解決には時代遅れの手段として廃止することは、私が長年情熱を傾けてきた夢だった」〔同前、四五七ページ〕と回顧している。

また、幣原の戦争放棄の発意は「総理の職に就いたとき、すぐに私の頭に浮かんだのは、あの電車の中の光景であった。これは何とかしてあの野に叫ぶ国民の意思を実現すべく努めなくちゃいかんと、堅く決心したのであった。それで憲法の中に、未来永劫そのような戦争をしないようにし、政治のやり方を変えることにした。つまり戦争を放棄し、軍備を全廃して、どこまでも民主主義に徹しなければならないということは、他の人は知らんが、私だけに関する限り、前にも述べた信念からであった。それは一種の魔力とでもいうものか、見えざる力が私の頭を支配したのであった。よくアメリカの人が日本にやって来て、こんどの新憲法というものは、日本人の意思に反して、総司令部の方から迫られたんじゃありませんかと聞かれるのだが、それは私に関する限りそうじゃない、決して誰からも強いられたんじゃないのである」〔幣原1987、二三〇ページ〕としている。日本国憲法における戦争放棄条項が日本側からの発案であったことは、戦後日本の再建に関わった重要人物二人の証言が一致していることを勘案すると、真実と考えていいのではなかろうか。

一九四六年二月一日付毎日新聞は、憲法問題調査会が検討中の憲法試案をスクープした。試案は、民主的憲法には程遠く明治憲法を微調整しただけのものであった。GHQでもこのスクープ記事は、コートニー・ホイットニー民生局長から同日マッカーサーに報告され、マッカーサーは、ホイットニーに日本国憲法草案を起草するよう命じている。

同二月三日ホイットニーは、チャールズ・ケーディス大佐、アルフレッド・ハッシー中佐、マイロ・ラウエル中佐をGHQ本部の自室に招集し、日本政府の憲法改正案は、きわめて保守的であり、天皇の地位も実質的に変更を行っていないし、天皇は統治権をすべて保持しているし、この案は、マッカーサー最高司令官にとって同意できるレベルからはるかにかけ離れているとして、日本側が正式な憲法改正法案を提出する前に、GHQとしての憲法改正への指針を示すこととなった旨、説明した、としている〔鈴木2014、二〇ページ〕。

実際には、二月一二日までの九日間で日本国憲法GHQ草案を作成しろ、との命令であった。憲法草案作成作業は、民政局行政部で選任された二五名で行われ、日夜を徹しての作業は、熾烈《しれつ》をきわめたといわれている。

作業の過程で、各国の憲法、日本の各政党の憲法試案、民間研究グループの憲法私案等が参考にされ、GHQ草案にはそれらからの文言や思いが挿入されたことは有名であるし、またGHQ草案が示されて以降、国会での審議過程でかなり修正が加えられており〔福永2014〕、単純に現行憲法がアメリカから押し付けられた外国製憲法だとの見解は誤謬《ごびゅう》である。

憲法二五条も、米国製との認識が定着している。しかし、戦後の体系的社会保障法の制定に寄与したとされる憲法二五条一項の「すべて国民は、健康で文化的な最低限度の生活を営む権利を有する」との文言は、GHQ草案には存在しない（同草案では、「二四条」に相当する）。この条項が憲法の中に取り入れられたのは、衆議院での審議過程で野党が、日本人による様々な憲法私案を参考に修正提案したことで実現した。具体的には、一九四五年一二月二六日に憲法研究会が憲法草案要綱を公表しているが、その案には「国民ハ健康ニシテ文化的水準ノ生活ヲ営ム権利ヲ有ス」と憲法二五条の条文とほぼ同一の条項が存在し、これが現在の憲法二五条の文言として生かされたのである〔高柳1972、四八二〜四八五ページ〕。

憲法研究会は、一九四五年一〇月二九日の日本文化連盟創設準備会終了後、同連盟主要メンバーの高野岩三郎が、在野の憲法研究者鈴木安蔵に民間で憲法制定の準備をしようと呼びかけて結成された。同年一一月五日には第一回憲法研究会を開催し、毎週水曜日の午後に開催することを決めている。一一月二一日には、鈴木が「新憲法制定の根本要綱（第一案）」を作成、これ以後、研究会で議論し、第二案、第三案（最終案）まで鈴木が中心となりまとめている。一二月二六日には表題を「憲法草案要綱」として、内閣に届け、記者会見も行っている。また、GHQにも同会の杉森幸

次郎が英語で詳細を説明している。◆1

翌一九四六年一月一一日、ラウエル陸軍中佐とホイットニー民政局長が極秘文書として憲法研究会の「憲法草案要綱」に関する所見を「参謀長の所見・極秘」（資料5—1）として五ページにわたりまとめ、GHQ民政局・行政局職員へ回送している。

同所見の「まとめ」において、「この憲法草案の諸条項は、民主的で承認できるものである」と高く評価している。時系列から勘案すると、一九四六年二月一二日にまとめられた日本国憲法GH

資料5—1　ラウエル「私的グループによる憲法改正草案（憲法研究会）に対する所見」

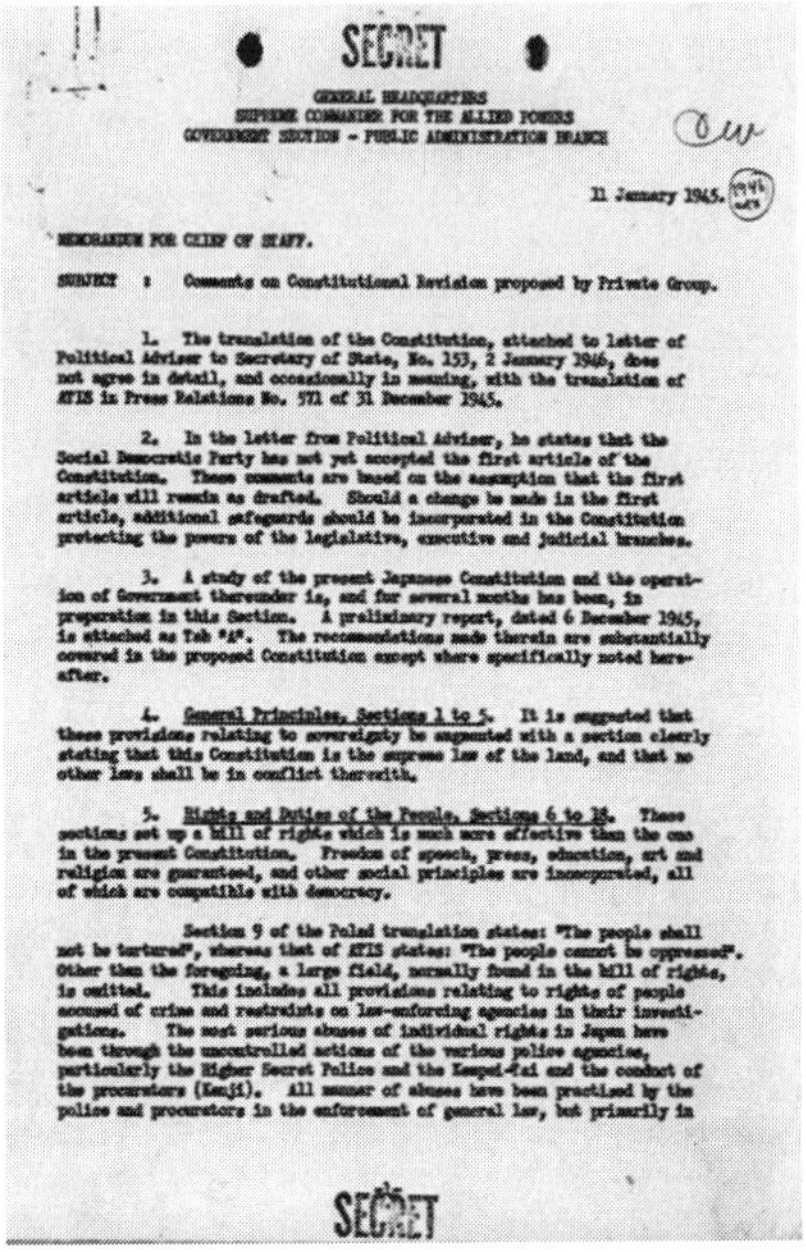

SECRET

GENERAL HEADQUARTERS
SUPREME COMMANDER FOR THE ALLIED POWERS
GOVERNMENT SECTION - PUBLIC ADMINISTRATION BRANCH

11 January 1945.

MEMORANDUM FOR CHIEF OF STAFF.

SUBJECT : Comments on Constitutional Revision proposed by Private Group.

1. The translation of the Constitution, attached to letter of Political Adviser to Secretary of State, No. 153, 2 January 1946, does not agree in detail, and occasionally in meaning, with the translation of ATIS in Press Relations No. 571 of 31 December 1945.

2. In the letter from Political Adviser, he states that the Social Democratic Party has not yet accepted the first article of the Constitution. These comments are based on the assumption that the first article will remain as drafted. Should a change be made in the first article, additional safeguards should be incorporated in the Constitution protecting the powers of the legislative, executive and judicial branches.

3. A study of the present Japanese Constitution and the operation of Government thereunder is, and for several months has been, in preparation in this Section. A preliminary report, dated 6 December 1945, is attached as Tab "A". The recommendations made therein are substantially covered in the proposed Constitution except where specifically noted hereafter.

4. General Principles, Sections 1 to 5. It is suggested that these provisions relating to sovereignty be augmented with a section clearly stating that this Constitution is the supreme law of the land, and that no other laws shall be in conflict therewith.

5. Rights and Duties of the People, Sections 6 to 18. These sections set up a bill of rights which is much more effective than the one in the present Constitution. Freedom of speech, press, education, art and religion are guaranteed, and other social principles are incorporated, all of which are compatible with democracy.

Section 9 of the Polad translation states: "The people shall not be tortured", whereas that of ATIS states: "The people cannot be oppressed". Other than the foregoing, a large field, normally found in the bill of rights, is omitted. This includes all provisions relating to rights of people accused of crime and restraints on law-enforcing agencies in their investigations. The most serious abuses of individual rights in Japan have been through the uncontrolled actions of the various police agencies, particularly the Higher Secret Police and the Kempei-Tai and the conduct of the procurators (Kenji). All manner of abuses have been practised by the police and procurators in the enforcement of general law, but primarily in

SECRET

出典：国立国会図書館所蔵、GHQ/SCAP民生局文書　GHQ/SCAP Records; Government Section: Box No.2225: “The Japanese Constitution”〈Sheet No.GS(b)02090-02092〉

Q草案に大きな影響を与えたことは間違いない。

また、国立国会図書館作成の「日本国憲法の誕生　資料と解説」では、「憲法研究会案とGHQ草案との近似性は早くから指摘されていたが、1959（昭和34）年にこの文書の存在が明らかになったことで、憲法研究会案がGHQ草案作成に大きな影響を与えていたことが確認された」[2]との記述からも、近年では「憲法研究会案がGHQ草案作成に大きな影響を与えた」との見解が通念となっていることが理解できる。

二　GHQ草案「人権に関する委員会」の二人、H・E・ワイルズとB・シロタの回想録

日本国憲法制定に大きな影響を与えたとされるGHQ草案（同草案作成関係者は資料5―2参照）の、人権に関する部分の執筆に関わった三人のうち二人が、日本滞在時の回想録を出版している。H・E・ワイルズ（Harry Emerson Wildes）とB・シロタ（Beate Sirota Gordon）である。

ワイルズは、一九五四年五月に、マクミラン社より Typhoon in Tokyo: the occupation and its aftermath を出版、同年九月には時事通信社より日本語訳『東京旋風――これが占領軍だった』を出版している。また、シロタは、一九九五年一〇月に、柏書房より『1945年のクリスマス――

資料5―2　日本国憲法GHQ草案作成関係者

委員会名	スタッフ氏名
運営委員会	C. L. ケーディス陸軍大佐 A. R. ハッシー海軍中佐 M. E. ラウエル陸軍中佐 R. エマラン
立法権に関する委員会	F. E. ヘイズ陸軍中佐 G. J. スウォープ海軍中佐 O. ホージ海軍中尉 G. ノーマン
行政権に関する委員会	C. H. ピーク J. I. ミラー M. J. エスマン陸軍中尉
人権に関する委員会	P. K. ロウスト陸軍中佐 H. E. ワイルズ B. シロタ
司法権に関する委員会	M. E. ラウエル陸軍中佐 A. R. ハッシー海軍中佐 M. ストーン
地方行政に関する委員会	C. G. ティルトン陸軍少佐 R. L. マルコム海軍少佐 P. O. キーニ
財政に関する委員会	F. リゾー陸軍大尉
天皇・条約・授権規定に関する委員会	J. A. ネルソン陸軍中尉 R. A. プール海軍少尉
前文	A. R. ハッシー海軍中佐
秘書	S. ヘイズ E. ファーガスン
通訳	J. ゴードン中尉 I. ハースコウィッツ中尉

出典：高柳賢三他『日本国憲法制定の過程』をもとに筆者作成

日本国憲法に「男女平等」を書いた女性の自伝』を出版している。

　ＧＨＱ草案の人権部分の作成に関わった二人が、共に手記を著していることに驚かされるが、二人が、占領期の日本人の人権、特に日本人女性の人権問題、性暴力に関してどのような見解を持っていたのか、当時最も民主主義の進んだ国とされたアメリカから来た人間の視点で描かれており、エゴ・ドキュメントとして分析することに意義がある。

　しかし、二人の著書には、執筆された時期に約四〇年の隔たりがあり、単純比較は難しい。ワイルズの著書は、日本滞在からそう経ていない時期に書かれており当時の社会的・文化的背景や雰囲気、そして当時の著者自身の感情に近いものが同書から窺える。ただ、シロタの場合、戦後五〇年を経て当時を回想し書かれたものであることを考えると、その後の社会情勢、様々な情報を得た上での感情の吐露であり、終戦当時のシロタの感情と同様であったとは言い難い。また、シロタはその著書で、ワイルズの『東京旋風——これが占領軍だった』にたびたび触れ、なぜワイルズが同書で、ＧＨＱ草案に関わった事実を隠すのかと疑問を呈している。

　ただ、この二人が、間違いなくＧＨＱ民政局員としてＧＨＱ草案をまとめ、後に日本国憲法の「男女平等」に多大な影響を与えた事実があることからこれらの文献を分析しておくことには意味がある。また、そのような条文を憲法に規定しようとした動機も、二人の著書から見えてくる。

(1) ワイルズ『東京旋風――これが占領軍だった』

ワイルズは、一八九〇年四月三日、ペンシルベニア州フィラデルフィアに生まれ、一九一三年ハーバード大学を卒業、その後一九二四〜二五年の二年間慶応義塾大学で教鞭をとり、日本に関する論文・著書も多数ある◆3(没一九八二年)。『日本の社会思想』及び『危機下の日本』は早くから日本に紹介され、ワイルズは、当時アメリカにおける日本研究の第一人者とされていた。

太平洋戦争中は、ワシントンの戦時情報局で日本の情報取集や民事訓練校において日本占領に関わる将兵の教育にあたった。その後、日本の降伏に伴い、マッカーサーの命でGHQ民政局員として日本に赴任し、一九四七〜四八年までウイロビー少将が担当していた歴史課に配属されている。ワイルズは、民政局職員時代にGHQ草案作成に関わった。

ワイルズは、同書では日本占領が「真正かつ建設的な改革に路を拓いた三万の占領軍の物語」〔ワイルズ1954、三ページ〕だとしている。ワイルズは、終戦直後から約三年間、GHQ職員として日本の占領政策に当事者として関わっていたこともあり、占領軍の思惑や日本側の行動にも言及しており、この回想録は当時を知る貴重な文献である。

同書は、占領前の一九四五年五月から始まる。米国と日本政府の間で、降伏に関して秘密裏に交渉が行われ、トルーマン大統領は一九四五年五月八日には「日本にたいして、無条件降伏は至上命題であるが、奴隷化するつもりはない」〔同前、九ページ〕ことを確認している。

連合国は、一九四五年七月二六日に無条件降伏を旨とする「ポツダム宣言草稿」を起草していたが、日本が無条件降伏に躊躇《ちゅうちょ》している間に、アメリカは広島、長崎に原爆投下し、結局日本は八月一四日にポツダム宣言受諾を連合国に通知し、九月二日降伏文書に署名することとなった。

マッカーサーは八月一四日に連合国軍最高司令官に任命され、その先遣隊が八月二八日に厚木飛行場に到着、同三〇日、アメリカ第一一空挺師団約四〇〇〇人が護衛する中降り立った。しかし、ワイルズはこの時、「マッカーサーには最初から的確な見通しがあったかのように云い張っているけれど、実際は日本に到着したときには、ほとんど確定した計画はなにも持っていなかった」〔同前、一二ページ〕とかなり辛辣《しんらつ》に批判している。しかし、結果として「占領を成功に導いた」〔同前、三一〇ページ〕とも評価している。

さて、本節で、ワイルズの著書『東京旋風――これが占領軍だった』の全体に触れることはできないが、あくまでも、GHQ草案作成に関わった人物の「日本人女性観と憲法に関する見解」に特化した形で言及したい。

ワイルズの日本人女性観

ワイルズは、日本人が「占領軍兵士により女性が強姦《ごうかん》されるのではないか」との疑念を抱いたことから、日本政府は女性への注意喚起をしていたが、占領軍兵士が不法行為をなすことは「噂」の類と一蹴している。

「官憲は進駐軍が暴れまわって手がつけられなくなるという途方もない噂をとりしずめる助力をした。降伏に先立って東京の警視庁と横須賀の警察は、各人、特に婦人にたいして、思慮分別と礼儀作法を失わないようにと訴えた」〔ワイルズ1954、三五ページ〕

「長い間、家庭から離れているアメリカ兵のあるものは、日本の女を見て昂奮《こうふん》するものがあるかもしれない、だから婦人は家の内に止まっていなくてはならない」〔同前、三五〜三六ページ〕

進駐軍に対する日本側の恐れやそれに基づく挙措を、海外の新聞通信員は報道していた。ワイルズはそういう日本人を「ことさら外国人にそっぽを向くことによって故意にアメリカ人を傷つけようとするものだ」と記している〔同前、三六ページ〕。また、ワイルズは、日本人に対する犯罪は、「アメリカ兵の日本人にたいする軽微な事故」〔同前、三七ページ〕と表現し、「占領は、日本がやったことにくらべると秩序正しい（中略）、不法行為の申し立て、強姦・掠奪《りやくだつ》・窃盗等の届け出についての報告は非常に誇張されている」〔同前、三六ページ〕という外国特派員の報道を無批判的に引用していることから、ワイルズも占領軍の犯罪を「軽微」で「誇張」されていたと見ていたことが窺える。もちろん、ワイルズが占領軍の一員として日本に赴任していたことを考えれば、日本人の側に立った発想はなかったのも無理はない。

日本政府が、日本女性を占領軍兵士の性暴力から守る目的（性の防波堤）で性的「慰安」施設を設置したことは、本書1、2章で詳述したところであるが、ワイルズもその点を十分承知していたことが以下の文章からも理解できる。

「殆《ほとん》ど到着するなり、上級将校連は女の友達はどうかと申し入れられ、多くのものは勇躍それを承知した。外国で暮らしたことのある女、特に英語国の大公使館での経験がある女が格別人気があった。それに加えて、肩書があるとなると、魅力は満点だった。口に階級の平等をとく役人も伯爵夫人を女友達に持つことは悦びとするはずだと考えた日本側の目算は当たっていた」（同前、五五ページ）

ワイルズが回想録で単に性的「慰安」の問題だけではなく、「日本人は女を武器にして、占領軍に勝つ目算をたてていた」（同前、五五ページ）と推論を述べているのは、憶測の域を出ていないと思われる◆4。

ただ、ワイルズも触れているが、安藤明が一代で築いた土建会社「大安組」が、占領軍の荷揚げ・建設工事等の独占、および天皇戦犯撤回を目的として、占領軍の指導層に様々な贈物をしていたのは事実である。ワイルズは、その贈物に女性が含まれていたことに言及している。

「安藤は契約をくれる地位にあるアメリカ人どものため金のかかったゲイシャ・ガール・パーティーをひらいた。安藤はその所有する十八軒の女郎屋をアメリカ人の御用に供した」（ワイルズ1954、五五ページ）

女郎屋とは、安藤が私財を投じて建てたGHQ用のナイトクラブ「大安クラブ」のことで、その社交場を通してあまりにあからさまに買収工作を行ったため、一九四六年六月、GHQに贈賄容疑で逮捕され、懲役六カ月及び罰金刑が確定し一九四七年九月まで服役していた。

ただ、安藤のように摘発されることは稀《まれ》であった。ワイルズの言葉を借りると、「処罰されたと言う点で、安藤は唯一人者であった」（同前、五七ページ）のである。

しかし、ワイルズは、「こうした事件の結果、別にそういった慣習は珍しくもない日本人間に、アメリカ人は女なり、賄賂《わいろ》なりによって買収できるという固い確信を植付けたことは不幸な出来事であり、またいうまでもなく、不当な判断だった」（同前、五七ページ）と回想している。

安藤明がGHQに対して行った工作はどのようなものであったのかが、安藤の長男・安藤眞吾が著した著書『昭和天皇を守った男――安藤明伝』で、その詳細を窺い知ることができる。ただ、同書は、本人の日記でも回想録でもなく、身内による伝記であり、特に功績に関しては誇張されている可能性は否めないことから、ここではワイルズの回想を補強する参考資料としての引用にとどめる。

同書は、安藤の最大の業績を、「天皇制護持」だったとしている。

「GHQ高官を接待するため『大安クラブ』を設立し、ここを舞台に膨大な財貨を投じて彼らに天皇制護持への協力を求め、協力が得られない場合は、ゲリラ戦に打って出ると、和戦両用の構えで立ち向かった。その結果、マッカーサー元帥から『天皇および天皇制の存続は、日本国民の総意による』との回答を引き出すことに成功した」（安藤2007、ivページ）

同書では、「大安クラブ」において、アメリカ人に対し女性や賄賂で買収していたことが記されている。具体的には、「部屋数は大小二十ほどあり、室内は外人好みの調度品で飾り、かつて安藤が懇意にしていた大森の料亭「楽楽」にいた北村トクを女中頭に呼び寄せた」（同前、一五九ページ）としているが、「楽楽」はRAAの一号店「小町園・楽楽」であることから、占領軍「慰安」施設との関連性が疑われる。

同書で、北村が大安クラブに関して劇作家・中山正男のインタビューに、「誰かれ見境がつかないんですが、来られた外国人からはお代はいただかず、一切無料で、飲み食いは無論、中には女の子と寝る人もおられました。おまけに土産物まで貰って、夜遅く帰っていかれました」（同前、一六一ページ）と答えていることから、ワイルズの回想は、あながち間違ってはいないのかもしれない。

戦前に二年、また戦後GHQ高官として三年、計五年の日本滞在経験があり、さらにアメリカでは日本研究の第一人者と目されていたワイルズが、日本社会では「女なり、賄賂なりによって買収」するのは珍しくもない、と言い放っており、当時の日本人も外国人もそのように感じていたと想像できる。ワイルズの描く米兵は大方善良であり、日本女性を、彼らを誘惑した「ふしだら」な者と見ていたようである。

「十月（一九四五年一〇月）になると、兵隊たちは友人を、ことに日本の娘たちを探し当てた。（中略）多くの場合、女友だちを持った兵隊は往来か、公園以外に、相手を楽しませてやる場所がなかった。

大部分のアメリカの兵隊は善良な、純粋な青年だったが、軍ではその青年たちのために、なんの配慮もしてやらなかった。ごく少数のものが悪に走った」（ワイルズ1954、二八八～二八九ページ）。

「若い青年たちは色気盛りだった。日本の娘たちは、彼らを誘惑して、いろんな贅沢品、ことに罐詰の配給や煙草のあまりを手に入れようとした」（同前、二八九ページ）。

ワイルズの記した兵士と日本女性の交歓に関しては、2章で引用したアメリカのグラフ雑誌『ライフ』の一九四五年一二月三日号の記事とも符合する。しかし、「ごく少数のものが悪に走った」

との言説は、神崎清や五島勉が詳述した占領軍兵士による性暴力の実態からすると、ワイルズは自国兵士による犯罪を過小評価していた／したかったといわざるを得ない。

また、ワイルズは、一方的に日本人女性から誘ったのであって、非は日本人女性にあり、「軍ではその青年たちのために、なんの配慮もしてやらなかった」と嘆いている。しかし、すでに見たように、占領軍は自軍兵士のために「慰安」施設を日本につくらせた。そのことをワイルズは知らなかったのであろうか。

また、アメリカ占領軍の日本における行状との関係で、アメリカ軍が、ナチスの支配から解放されたヨーロッパで何をしたのかに、ここでふれておこう。メアリー・ルイーズ・ロバーツ（Mary Louise Roberts　ウィスコンシン大学歴史学教授）の代表的著作である『兵士とセックス　第二次世界大戦下のフランスで米兵は何をしたのか？』には、アメリカ軍の乱倫の様子が赤裸々に描かれている。

「パリの売春宿もまた解放からまもなく客であふれかえった。アメリカ軍がまず最優先したことの一つは、売春宿を分けることだった。一九四四年の九月二日、セーヌ基地地区（パリとその郊外を管轄）の憲兵司令官がフランス警察とともにパリの街にやって来た。一通り街を見てまわった司令官らは、将校用の売春宿、白人下士官兵用の売春宿、そして『黒人』用の売春宿を選んだ」（ロバーツ2015、一八〇ページ）

「アメリカ歩兵を相手にする唯一の売春宿は『兵士の箱』と呼ばれ、（中略）いわば快楽の大量生産工場だった。（中略）最盛期には、アメリカ兵の列が階段を降りてドアの外に出て、さらに角をまわったところまで続いていた」（同前、一八一ページ）

また、スーザン・L・カラザース（Susan L. Carruthers ウォーリック大学歴史学部教授）は、著書『良い占領？——第二次世界大戦後の日独で米兵は何をしたか』で、米兵がドイツで行った行状を記している。

「第二次世界大戦の前も、そして、戦時中も、アメリカ軍の司令官たちは野放図な兵士の性的行動を抑制する確実な手段を見つけられなかった。兵士と地元民の間のあらゆる社会的接触を禁じることは極端なやり方であり、多くの指揮官の目から見て、マジノ線（フランス北東国境に沿って築かれた対ドイツ要塞線）ほどにも成功の見込みのない防衛線だった。（中略）軍高官が何と言おうと、第二次世界大戦中に海外に派遣された兵士はセックスに慣れてしまっていた。連合国派遣軍最高司令部がいかに厳格な禁止令を出したところで、旺盛な異性愛の発露こそ軍人精神の不可欠な一部であると吹き込まれた兵士が、ドイツ入国に際して性的活動を思いとどまるなどとうていあり得ないことだった。そんなことは百も承知である高級将校は、もし親交禁止を強制するなら『できるだけ早い時点で可能な限り多くの我が国の女性をドイツに輸入すべきだ』と提案している」（カラザー

ス２０１９、一六七～一六八ページ〕

ロバーツとカラザースの研究からも、米兵が日本占領においてのみ「大部分のアメリカの兵隊は善良」だったと回想しているワイルズの記述は、信用できるとはいい難い。

ワイルズは、マッカーサーが、性病が蔓延《まんえん》しない限りは性的「慰安」施設の営業を許し、ＲＡＡの営業も黙認していたことを綴っている。

> 「マッカーサーは、第八軍が、芸者屋や女郎屋を、《脅威となるまでは》そのままで営業させておくと声明することを許した。こうした寛大な措置は、日本慰安協会〔日本特殊慰安施設協会ＲＡＡの誤記と思われる——引用者〕が千五百名の慰安婦を募集して、兵隊と玉突きやゴルフやトランプをしたり、一緒に踊ったり、歌ったり、その他いろいろの方法で占領軍の慰安に当たらせると広報した後でも、まだ続いていた。千五百名でたりなかったら、さらに三千五百人の接待婦がいつでも用意されているということだった」〔ワイルズ１９５４、二九〇ページ〕

このワイルズの回想から、「大部分のアメリカの兵隊は善良」であったと捉えることができるのであろうか。ワイルズは、占領軍上層部と日本人女性との交歓も綴っている。

「占領開始後、何ヶ月間ものあいだ、娘たち、女たちは将校宿舎に自由に立入りを許されていた。夜戦部隊の将校連は第一ホテルや帝国ホテルに個人の部屋をもっていて、婦人たちを夜もおそくまで、気前よく歓待していた。箱形自動車溜まり場では、早朝、娘たちを家に送り返す電話注文に慣れっこになってしまった。（中略）不埒《ふらち》な交歓は、上級将校の宿舎で野放しに続けられていた」〔同前、二九一ページ〕

既にみたようにワイルズは、日本人女性が兵士を「誘惑」したと記しているが、その一方でこのように、言葉を選びながらも兵士が性的「慰安」を求めていたことも赤裸々に綴っている。これは連合国兵士（実態は米兵）の行状をなるべく軽微に見せようとするもので、彼が、日本人女性だけではなくひろく女性一般の人権を認識していたのかは大いに疑問である。

この点は、ワイルズがGHQ／SCAPの中枢におり、占領時の米軍の性政策を十分承知していたことによるのであろう。米軍の性政策は、兵士に性的禁欲を強いながら、一方で女性を強権的に「狩り込み」により性病検査・治療をさせ、性病予防策を励行すれば買春を黙認するというものであった（この点は、3章を参照されたい）。

この米軍の性政策は、根本的に矛盾を孕《はら》んだものであり、その根底には女性蔑視観があったと考えられる。ただ、一九五〇年代の社会・文化的水準を考えると、ワイルズだけが特段女性を蔑視していたともいえないであろう。

ワイルズの憲法への言及

ワイルズは、『東京旋風――これが占領軍だった』において、たびたび日本国憲法制定に関し言及しているが、自らが民政局高官としてGHQ草案作成に関わったことには全く触れていない。既に一九四九年九月にアメリカ政府出版局よりPolitical Reorientation of Japan, September 1945 to September 1948: report of Government Section, Supreme Commander for the Allied Powers, U.S. Government Printing Office, September 1949が発行され、GHQ民政局がGHQ草案を作成していたことは、ひろく知られていたにもかかわらず、同書においてあえて自らの関わりを隠す必要があったのかは疑問である。

ワイルズ自身もこの点に関しては、以下のように綴っている。

「一九四九年になって民政局の報告が発表されて初めて、それまで長い間非公式に知られていた事実、つまりアメリカ人が新憲法を書いたという事実を正式に日本に知らせることをホイットニーが許した。一方、新憲法起草に参与した民政局員は、彼らが自分でしたことを認めることを許されていなかった仕事に対する感謝のしるしとして、天皇から記念の勲章と特別の贈り物を貰った」〔ワイルズ1954、七三ページ〕

GHQ草案が起草されたことが公にされたのは、一九四九年九月に発表された民政局の報告書が初めてであり、この点も事実と符合する。また、「天皇から記念の勲章と特別の贈り物」とは、ベアテ・シロタの回想録『1945年のクリスマス――日本国憲法に「男女平等」を書いた女性の自伝』では、詳細が記録されている。

一九四七年五月三日に憲法が施行され、その日が憲法記念日となってしばらく経った頃、「吉田茂首相から銀杯と、女性には特別に白の羽二重が一反贈られてきた。（中略）二五人全員に贈られた銀杯は、菊の紋が入っていた」（シロタ1995、二五四ページ）としている。この内容は、GHQ草案起草が公表された一九四九年以前で、当事者でしか知り得ない事実であり、ワイルズが天皇から受けとった贈り物の内容を知っていたことは、ワイルズ自身が起草者の一人であったことを暗に認めているともいえる。

ワイルズは、GHQ草案に関して、「大急ぎで起草された新憲法は、あとからの思いつきだった」（ワイルズ1954、六五ページ）と素直な意見を綴っているが、これは占領当初は、GHQに「憲法草案起草」の権限はなかったことを指している。統合参謀本部は、「政府機関に変更を加える要求を出してもよいことは許可していたが、それは、天皇あるいは他の日本当局が降伏条件を満足に実施することを怠った場合にそなえただけであった」（同前、六五ページ）としている。

実は、日本側では終戦の年の一九四五年一〇月一一日には、憲法改正論議を始めていた。最終的には一九四六年二月一日に毎日新聞がスクープした日本政府の憲法問題調査委員会（委員長・松本烝治）の試案（資料５―３）が、天皇主権の骨格を持った明治憲法の焼き直しであることから、GHQが反発し、マッカーサーが二月三日に国民主権、戦争放棄を盛り込んだ指針を示し、民政局に日本国憲法GHQ草案起草を命じたとされている。

ワイルズの回想では、マッカーサーが憲法改正を日本側に任せておけないとの思いに至ったのは一九四六年一月末としている。

資料５―３　毎日新聞がスクープした憲法問題調査委員会の試案

憲法改正調査會の試案
立憲君主主義を確立
國民に勤勞の權利義務
千島、樺太はソ聯領
大臣は議會にも責任
物資面の施策と通貨面の强行策
日本の軍事占領十年間継續
五大都市手持

出典：毎日新聞 1946 年２月１日付

「1946年1月末、マッカーサーは、日本人は、全部彼らに委しておけば、たとえ自分の指令でてこ入れをしても、満足するにたる新憲法は産み出し得ないだろうと確信するに至った」（ワイルズ1954、六九ページ）

これが事実だとすれば、マッカーサーは今まで言われていた二月一日の毎日新聞のスクープを見る前から、GHQ側で草案を起草すべき、と考えていたことになる。しかし、「二月末」が、ワイルズの誤認である可能性も捨てきれない。

民政局は、一九四六年二月一〇日にGHQ草案を完成させ、同年二月一三日に憲法問題調査委員会に示している。日本側では、二月二二日の閣議でGHQ草案の受け入れを決定したとされている。◆5

ワイルズは、GHQ草案に関して内閣では意見が割れ、天皇に意見を求めたことを記している。

「内閣では意見が対立して、吉田と松本はホイットニー草案に反対し、幣原首相は妥協を説いた。けれども、天皇が直接口をきいて、たとえその特権は失われるようなことがあろうとも、最も遠大な改革をした方がよいと勧告した」〔ワイルズ1954、七三ページ〕

このように、天皇がGHQ草案を積極的に支持したとする発言は、長らく論争の的であったが、二〇一七年、上智大学名誉教授・高見勝利が、一九四六年当時、貴族院特別委員会のメンバーであった東京大学教授（故）宮沢俊義のノートの中に、一九四六年二月二二日に幣原首相が、GHQ草案に関して天皇に意見を求め、その際の発言内容が記されていることを発見している〔朝日新聞二〇一七年五月三日付〕。

宮沢は、一九四六年九月に、幣原首相より貴族院特別委員会委員として首相官邸に呼ばれ、その際、GHQ草案に関する幣原と天皇のやりとりを聞かされ、ノートにメモをした（資料5―4）。

その内容は、以下の通りである。

資料5—4　宮沢俊義のノートに記された1946年2月22日の昭和天皇と幣原喜重郎のやりとり

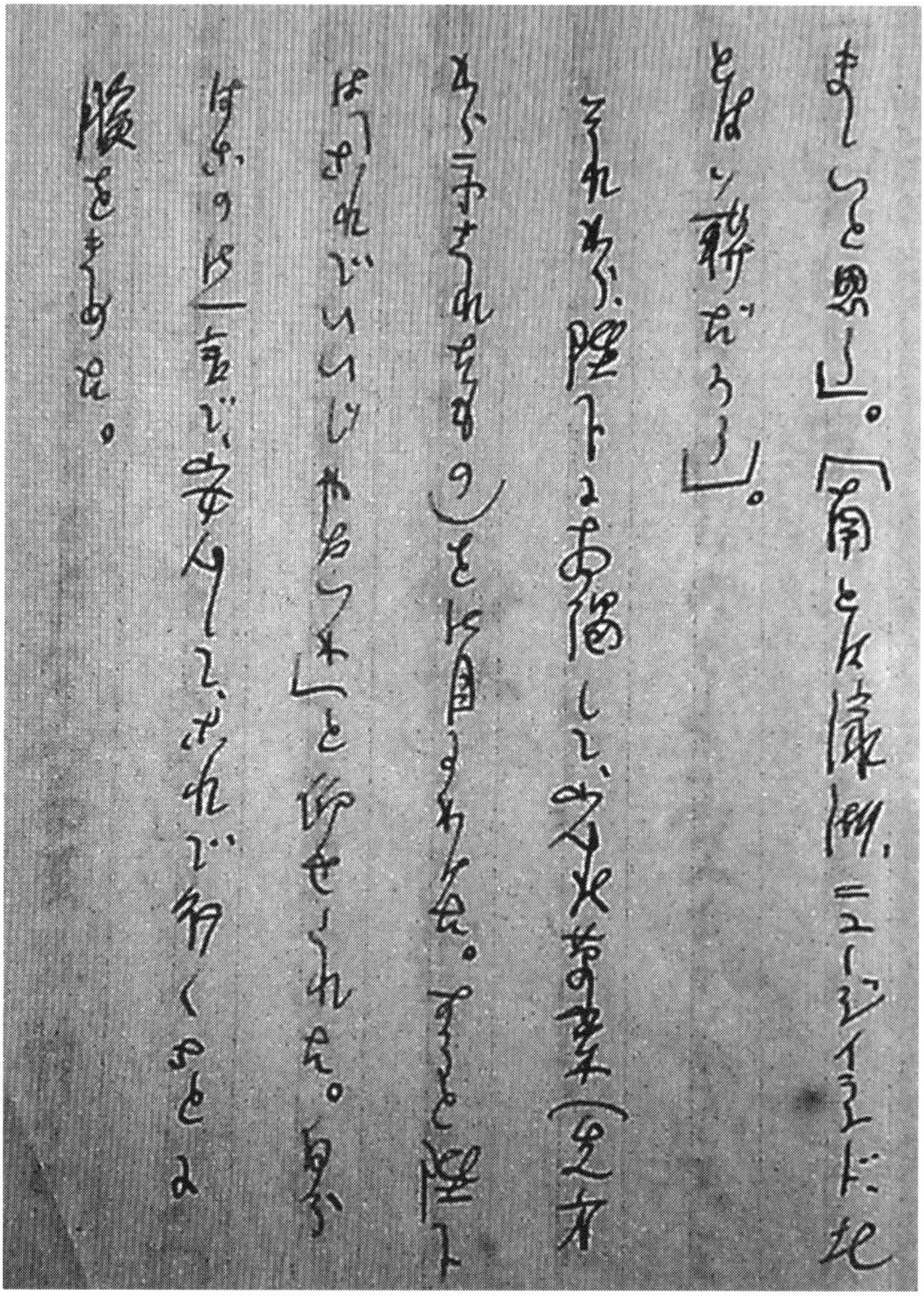

出典：「宮沢俊義ノート」立教大学池袋図書館所蔵

「陛下に拝謁《はいえつ》して、憲法草案（先方から示されたもの）を御目にかけた。すると陛下は『これでいいじゃないか』と仰《おお》せられた。自分はこの御一言で、安心して、これで行くことに腹をきめた」◆6

天皇が、GHQ草案を積極的に支持したとまではいえないが、「これでいいじゃないか」と発言したことは、「認めた」ということであったといえる。

ワイルズの日本占領の思いは、同書の最終章「かえりみて」に集約されている。

「ある点において、占領軍自体が、みずからの最悪の敵だった。民主主義を約束し、民主主義を熱心に信じていながら、占領軍はしばしば民主主義を実行せず、自ら声を大にして弾劾した戦前の日本のやり方の真似をした。秘密警察・検閲・宗教裁判的なやり方・国会への指図・裁判所への命令・物資、設備、サーヴィスの徴発・下級にたいする差別待遇――こうしたものすべてが、自由・平等・民主主義の名において存在した。新しいやり方は、独裁主義者たちが、日本に全体主義を押しつけたのと、まったく同じ方法で、日本に強制された。マッカーサーとその協力者たちは個人の威厳を力説し、めいめい真面目に、それを信じていた。しかも、一部の高級官吏は常に、さらに他の多くのものは時折り、まるで戦前の日本人と同じように、傲慢《ごうまん》な態度をとっていた」（ワイルズ1954、三〇五ページ）

自らがGHQ民政局高官として、日本占領政策やGHQ草案作成に深く関わったにもかかわらず、占領軍が「民主主義を実行」しなかったと吐露している。

(2) ベアテ・シロタ『1945年のクリスマス——日本国憲法に「男女平等」を書いた女性の自伝』

ベアテ・シロタ(以下シロタ)は、ピアニストの父レオ・シロタと、母オーギュスティーヌのもと一九二三年ウイーンに生まれた(二〇一二年死去)。一九二八年、レオが山田耕筰に請われ日本でピアノ演奏会を開き、その際、東京音楽学校(現東京藝術大学音楽学部)教授を委嘱され、家族で一九二九年に来日。シロタはその後、一九三九年、一五歳までの一〇年間を日本で暮らした。五歳で大森のドイツ学校に入学し、一二歳で中目黒のアメリカン・スクールに転校している。

シロタは、幼少期から父にピアノを習っていたが、「ピアノへの才能を早くに自分で見限っていた」(シロタ1995、一一五ページ)と回想している。その後、週三回インタプリティブ・ダンスのレッスンを熱心に習ったが、母に「ダンスは足が命なのに、そのテクニックが足りない。抜群のテクニックを持っている者しか一流の舞踊家にはなれません。あなたの才能は、むしろ語学にあるとママは思うのよ」(同前、一一五ページ)と諭され、母の透視眼に信頼を置き、言語への関心を深めていった。
シロタは、「私は、さして努力もしないでドイツ語、フランス語、英語、ロシア語、ラテン語、そして日本語をマスターし、母の言ったように語学は抜群の成績をとることができた」（同前、一一五ページ）のであった。これが、戦後、GHQ職員として日本に赴任し、日本国憲法GHQ草案起草に大きく関わるきっかけであったといえる。

前項でみたように、ワイルズはその著書で、日本国憲法GHQ草案に関して触れながら、自らがその起草に関わったことは一言も記していない。しかし、シロタは、草案起草に関わったことを素直に語っている。また、日本人女性については、彼女自身が戦前の日本に一〇年間住んでいたこともあり、日本人女性が日本社会や家庭の中で、無権利状態で扱われていることを嘆いている。しかし、占領軍が日本人女性を性的に蹂躙《じゅうりん》したことには一切触れていない。この点、ワイルズがRAAにも触れながら、抑制的ではあるが占領軍の蛮行を記していることとは対照的である。

シロタは、日本語が堪能で、当時の日本の新聞、アメリカの雑誌等を読んでおり、占領軍兵士が日本人女性をどのように見て扱っていたのかを十分知る立場にあったはずであるが、この点に一切触れていないのは不自然である。

ただ、本書で取り上げたシロタの回想録『1945年のクリスマス――日本国憲法に「男女平等」を書いた女性の自伝』は、シロタ自身が書いたものではなく、「あとがきにかえて」の中で、平岡磨紀子が「まずベアテさんが、自分の体験をカセットテープに吹き込み、私がそれを原稿におこす」（同前、三五八ページ）ことから始め、シロタの発言の裏付けの資料を見つけ、平岡が全体の構成も担当したとしている。その点を加味すると、裏付けが取れた部分が中心に記されそれ以外は記載されなかったと考えられる。つまり、占領軍による日本人女性に対する性暴力も、裏付け資料が乏しかったのかもしれない。また、この本はシロタの自伝に特化したものであり、その他の社会問題にあえて触れなかったということも考えられる。

もちろん、シロタがGHQ草案起草の人権委員会メンバーであったことから、この本には女性の人権に関しての記述が多い。特にV章は「日本国憲法に『男女平等』を書く」とのタイトルが付けられ、シロタのGHQ草案起草に込めた思いが語られている。

GHQ草案起草過程で、シロタは、日本女性の人権を書き込むことを決意している。

「各国の憲法を読みながら、日本の女性が幸せになるには、何が一番大事かを考えた。それは、昨日からずっと考えていた疑問だった。赤ん坊を背負った女性、男性の後をうつむき加減に歩く女性、親の決めた相手と渋々お見合いをさせられる娘さんの姿が、次々と浮かんで消えた。子供が生まれないというだけで離婚される日本女性。『女子供《おんなこども》』とまとめて呼ばれ、子供と成人男子との中間の存在でしかない日本女性。これをなんとかしなければいけない。女性の権利ははっきりと掲げなければならない」（同前、一八二ページ）

上記の回想は、GHQ草案の起草を始めた一九四六年二月四日の翌五日のこととして描かれている。シロタは「今私は、エマランさんが書き残した『エマラン・メモ』を見ながら、当時を想起している」〔同前、一六〇ページ〕と綴り、エマランに信頼を寄せていたことが窺える。ルース・エマランは、GHQ草案起草関係者の中で、秘書的な役割を担い、当時の会議の様子を克明なメモとして残している。シロタは、「彼女（エマラン）は、会議があると几帳面にメモをすることを仕事と思っている人で、今私が本を書くことができているのも、メモ好きの彼女がいたからだ」〔同前、一五七ページ〕と評している。

戦前一〇年間日本に住み、市井に暮らす日本人の姿、特に女性の生き様を見ていたシロタにとっては、日本における女性の虐げられた状況を変えるためにも、憲法に書き込む決意をしたことが見てとれる。同日の回想では、日本の歴史と女性の人権について次のように触れている。

「古代には何人かの女帝がいた。続く平安時代でも、アメリカにも研究者の多い『源氏物語』の作者は、紫式部という才能豊かな女性だった。しかし、時代が下がって武士階級が幕府を開くころから、女性の立場はひどく下落する。女性は貢ぎ物になったり、売られたり、買われたりする。これは、ヨーロッパの中世でもあったが、現代社会までも継続していたのはアジアの国々に多い。そうした国はまだまだ残っているが、明治維新から先進文明を積極的に取り入れた日本は、人権、特に女性の権利に関する部分は、支配者の男性にとっては不都合だったとみえてほとんど改革してい

ない」〔同前、一八七ページ〕

確かに、アジア諸国では近現代まで、女性があからさまに「売られたり、買われたり」していたのは事実であるが、ヨーロッパ社会ではそうではなかったのであろうか。法律上は禁止されていたとしても、実際は売買春が公然と行われている事実もある。また、終戦当時、相対的には、アメリカやヨーロッパ諸国の方が、人権意識が高かったとはいえる。しかし、第二次世界大戦での米兵がフランスやドイツにおいて、売春婦を求めて列を成した事実もあり〔カラザース2019、一六七〜一六八ページ〕、さらに、本書2章でも触れたように、占領軍側から「慰安」施設の確保依頼があった事実を勘案すると、シロタの占領軍あるいは西欧諸国を見る目は、「ユートピア」的であることは否めない。おそらくそれは、日本における人権意識、特に女性の人権を高めたいとの思いが先行し、占領国であったアメリカの社会・文化的分析が不十分であったことに由来しよう。

ただ、シロタは、必ずしも一方的に当時アメリカが男女同権で理想の国だとしては描いていない面もある。Ⅳ章「大戦下のアメリカで暮らす」の中で、一九三九年五月、中目黒のアメリカン・スクールを卒業し、その年の八月、一五歳でアメリカ、サンフランシスコのミルズ・カレッジに留学した後の生活が克明に記されている。

日米が開戦したことで、日本に住むシロタの親からの仕送りが滞り、一九四二年の夏休みから自活の道を探り、「CBSリスニング・ポスト」◆7でのアルバイトを見つけた。仕事は、東京からの日本語短波放送を英語に翻訳する仕事であった。夏休みが終わり、その当時の上司のクリストファー・ランドより、「このまま仕事を続けてもらえないか」〔シロタ1995、一三四ページ〕と依頼され引き受けたと記している。その背景には、「日本人はオレゴン州のポートランドに強制移住しなければならないことが決定した」〔同前、一三四ページ〕とだけ記述し、アメリカに住む日系人が強制収容所に収容され「日系人のあらゆる人権が剝奪《はくだつ》される」状況に関して、一切コメントがないのは「人権を謳《うた》う」シロタにしては、不自然である。この時期、シロタは、「アメリカ国籍」〔同前、一三五ページ〕を取ったこととも関係があるのかもしれない。

その後、シロタは、ミルズ・カレッジ卒業と同時に、O・W・I（Office of War Information ＝米陸軍情報部）に移籍し、一九四五年三月にはO・W・Iを退職し、タイムス誌の外国部に転職している。

そこで、アメリカにおける女性への偏見・差別に直面し、率直にその状況を回想している。

「当時のタイムス誌は、記者はすべて男性で女性記者は一人もいなかった。そのかわり記事の資料集めをするリサーチャーは、すべて女性だった。〔中略〕自由の国アメリカを代表するジャーナリズムが、女性であるということでペンを持たせないなんて、私はこの差別に憤慨した。同じように不満を感じている仲間はいたが、それを声にするほど勇気のある者はいなかった。女性たちは不満を表面化することで、せっかく手に入れた職を失うことを恐れていた」〔同前、一四二ページ〕

当時、世界で最も民主主義が達成されていたと思われていたアメリカにおいても、女性への偏見・差別があることにシロタは、怒りを隠さない。また、記者とリサーチャーとのトラブルがあるたびに、シロタはタイムス誌のあるビルの窓からエンパイアーステイトビルを眺め、「男たちが作り上げた構図の中では、女性や子供は最も簡単に弾き出されてしまう。もうすぐ終わると言われながら、いっこうに終結しないこの戦争だって、男たちが始めたものではないか。自由、平等の国で、私は女性の非力を知った」〔同前、一四四ページ〕と、その当時の思いを記している。

シロタの思いの根底には、戦前の日本に一〇年暮らしていたことで培われた思想があったのかもしれない。また、その後のアメリカの暮らしの中で、アメリカにおける女性差別の実態を経験したことで、なおひどい状況におかれている日本女性の人権を守りたいとの思いが募ったこともあったかもしれない。

シロタは、毎日新聞が一九四六年二月一日にスクープした日本政府の憲法問題調査委員会の試案に、「その中に女性、母親、家庭、児童という言葉は全く発見できなかった。私は、女性が幸せにならなければ、日本は平和にならないと思った。男女平等は、その大前提だった」〔同前、一八八ページ〕と記し、「不幸な歴史を背負う日本女性のために、ここはどうしても頑張らなければと心に誓った」〔同前、一八九ページ〕と吐露している。

シロタは、「日本の国が良くなることは、女性と子どもが幸せになることだ」〔同前、一九三ページ」と考えていた。当時のシロタ家のお手伝い「美代さん」を通して、昭和の日本の女性や子どもがおかれていた状況を知ることができたからである。

「昭和に入っても、農村の子供が口減らしに子守りに出されたり、丁稚奉公に出されていることを知っていた。そういう子供たちは、学校も低学年で止めさせられて、半年に一回着物を貰うだけで賃金はないという事実も教えられていた。農村が飢饉の年は、〝娘身売り〟が頻発することは、ロウストさんが、会議の度に口癖のように繰り返して説明した」（同前一九三～一九四ページ）

人権委員会は、二月一二日までに完全な草案をマッカーサーに提出することになっていた。

「四一か条が、第二稿の段階で三三か条になり、最終的にマッカーサー草案では三一か条になったが、その減った部分の多くは、私の書いた〝子供と女性の権利〟に関するところだった。（中略）しかし、全部で九二か条だったマッカーサー草案のうち、人権条項はその三分の一を占めることになる。明治憲法に一字も入っていなかった「女性」や「児童」の文字を、とにかく新しい憲法の中に入れることはできたのだ」（同前、二六三ページ）

シロタが担当した女性・子どもの人権の多くが削除されたことに悔しさが滲む記述である。その点は、「実際、この憲法作成に携わったGHQのアメリカ人すら、女性への理解者ではなかった。その分私が頑張らなければいけないと思ったが、力不足がつけとして今日まで残っている」（同前、二二〇ページ）と回想している。現在日本は、世界的に見ても女性の地位は必ずしも高くはなっていない事実を加味した感想だったと思われる。

しかし、現在の日本国憲法一〇三条のうち、人権条項は一〇条から四〇条までの三一か条で約三分の一を占めており、シロタや人権委員会の功績は大きく評価されるべきである。

一九五四年、シロタは、アジアとの文化交流のためにジャパン・ソサエティで働くことになり、晩年までアメリカにおいて精力的に日本を含むアジアの文化紹介に尽力した。そのエピソードが、最終章Ⅶ「新しい道　アジアとの文化交流」に多数記されている。

その中の一つ、一九七四年に無形文化財淡路人形座をアメリカに招待した時の逸話の中に、アメリカ公演中に人形が盗まれたが、数日後に発見されたとの記述がある。

淡路人形は数日後にハーレムのゴミ箱から発見されたのだが、その事件へのコメントとして「顔も着物も泥だらけで、まるで陵辱された日本娘のようだった」（同前、三三〇ページ）と表現している。既にみたように、シロタは自伝において、占領軍兵士による日本女性への性暴力に関して一切記述していない一方、抑制的ではあるがワイルズは記載している。この点は、シロタがそのことを知る立場になかったとは考えられない。シロタは日本の新聞も読めたし、アメリカの新聞や雑誌も難なく読めたはずであることから、きわめて不自然であった。だが、淡路人形の事件へのこのコメントを読み、筆者は、シロタが「陵辱された日本娘」のことを知っていたのではなかろうかと思った。

注

◆1　この点は、国立国会図書館「日本国憲法の誕生」に詳しい。https://www.ndl.go.jp/constitution/gaisetsu/02/052shoshi.html　最終閲覧日二〇二三年三月二八日。

◆2　この点は、国立国会図書館「日本国憲法の誕生　3　GHQ草案と日本政府の対応」に詳しい。https://www.ndl.go.jp/constitution/shiryo/03/060shoshi.html　最終閲覧日二〇二三年三月二八日。

◆3　ワイルズは、日本に関する論文を多数残している。Social Currents in Japan（日本の社会思想）, University of Chicago Press, Chicago, 1927. Japan in Crisis（危機下の日本）, Macmillan, New York, 1934. Aliens in the East, University of Pennsylvania Press, Philadelphia, 1937. 等

◆4　この点に関しては、当時子爵夫人の鳥尾多江が、GHQの高官でなおかつGHQ日本国憲法草案の作成責任者であったC・L・ケーディス陸軍大佐に取り入り、天皇の地位に関して便宜を図らせたとのことである。しかし、真偽のほどは定かではない。鳥尾多江『おとこの味』サンケイ新聞社出版局、一九六九年。鳥尾多江『私の足音が聞える――マダム鳥尾の回想』文芸春秋、一九八五年。

◆5　この点は、国立国会図書館「日本国憲法の誕生：年表」に示されている。https://www.ndl.go.jp/constitution/etc/history03.html　最終閲覧日二〇二三年四月一八日

◆6　「宮沢俊義ノート」は、立教大学池袋図書館に所蔵されている。
◆7　同社は、一九四二年九月政府のF・C・C Federal Communication Commissionとなる。

引用文献

・安藤眞吾2007『昭和天皇を守った男――安藤明伝』幻冬舎ルネッサンス、二〇〇七年。
・カラザース2019『良い占領？　第二次大戦後の日独で米兵は何をしたか』小滝陽訳、二〇一九年、人文書院、Susan Carruthers. 2016, The Good Occupation: American Soldiers and the Hazards of Peace, Harvard University Press, 2016.
・福永文夫2014『日本占領史1945―1952』中央公論新社、二〇一四年。
・マッカーサー2003『マッカーサー大戦回顧録（改版）』中央公論新社、二〇一四年。
・ロバーツ2015『兵士とセックス――第二次世界大戦下のフランスで米兵は何をしたのか？』佐藤文香監訳・西川美樹訳、二〇一五年、明石書店、Mary Louise Roberts. 2013, What Soldiers Do: Sex and the American GI in the World War II France, The University of Chicago Press, 2013.
・幣原喜重郎1987『外交五十年（改版）』中央公論新社、二〇一五年。
・シロタ・ベアテ1995『1945年のクリスマス』平岡磨紀子〔構成・文〕、一九九五年、柏書房。
・衆議院憲法審査会事務局2016『「日本国憲法の制定過程」に関する資料』衆議院、二〇一六年。
・鈴木昭典2014『日本国憲法を生んだ密室の九日間』角川書店、二〇一四年。
・高柳賢三他1972『日本国憲法制定の過程Ⅰ』有斐閣、一九七二年。
・ワイルズ1954『東京旋風――これが占領軍だった』、井上勇訳、時事通信社、一九五四年。
Wildes, H. 1954, Typhoon in Tokyo: the occupation and its aftermath, The Macmillan Company New York, 1954.

第6章　エゴ・ドキュメント分析　3

――占領期日本に滞在した外国人の日記・回想

本章では、1節で占領期に日本に滞在したジャーナリスト、マーク・ゲイン（シカゴ・サン紙東京支局長）とダレル・ベリガン（ニューヨーク・ポスト日本支局長）の日記及び論考を分析する。共に、ジャーナリストとして高い評価を受けており、エゴ・ドキュメント分析の対象にするのには適《かな》っている。特に、マーク・ゲインは、日本占領の内幕を記した克明な日記を残しており、それは当時を知るための一級のエゴ・ドキュメントといえる。

占領下日本で、GHQによるプレス・コード（報道規制）があり、日本人が自由に発言できないなか、ダレル・ベリガンは海外メディアの特派員として、日本社会を分析した記事や論考を多数執筆している。特に近世以降の日本社会・文化に関しても造詣《ぞうけい》が深いベリガンの残したエゴ・ドキュメント分析は、占領下日本における様々な人物の女性観を知る上では貴重なものである。

2節では、戦後日本の保健医療福祉政策の基礎を構築したと高い評価を得ているGHQ（連合国軍最高司令官総司令部）のPHW（公衆衛生福祉局）局長クロフォード・サムスのエゴ・ドキュメントを取り上げた。サムスの一般的な評価とは「違う側面」が垣間見られ、特に女性の人権にはきわめて鈍感であったことが、回想録から浮き彫りになった。

一　占領期日本に滞在したジャーナリストの日記及び論考

（１）克明な日本滞在日記を残したマーク・ゲインの日本人女性観・性意識

マーク・ゲイン（Mark Gayn　一九〇二～一九八一年）の『ニッポン日記』は一九五一年に筑摩書房より刊行され（本書で扱うのは、一九九八年に出版された文庫版『ニッポン日記』）、ジャーナリストが終戦から三年間、日本に滞在した時期の日記であり、当時の日本社会を外国人記者の目で観察した一級のエゴ・ドキュメントである。

マーク・ゲインはペンネームで、本名をモー・ギンズバーグ（Moe Ginsburg）といったが、後にペンネームのマーク・ゲインを本名に改名した。ゲインは、ロシア系ユダヤ人の両親のもと、一九〇二年、中国満州で生まれたといわれている（一九〇九年生まれとの説もある）。一九二九年に米国ポモナ・カレッジに入学し政治学を専攻、大学在学中に大学新聞の編集に携わった。その後、コロンビア大学大学院でジャーナリズムを専攻し、一九三四年に修了している。

その後、ワシントンポスト紙の特派員として中国・上海でキャリアを積み、第二次世界大戦勃発直後にアメリカに渡っている。一九四五年一一月、シカゴ・サン紙の東京支局長として来日し、一九四八年五月まで占領下の日本を積極的に取材している。日本滞在時の日記をまとめたのが『ニッポン日記』である。ゲインは、「序」で、「五十万語近い私の日記に記されたことのほとんどを収録してある。変更した部分はごく少部分でかつ些細《ささい》な事柄である」〔ゲイン1998、九ページ〕としていることから、ゲインの目を通して敗戦から占領初期の日本が見えてくる。

ゲインの日記は、一九四五年一二月五日から始まる。その日は、横浜から東京の占領軍総司令部のある第一生命保険会社本社に向かっている。ほぼ毎日、占領軍関係者、日本政府関係者に会い、精力的にインタビューしている。

同年一二月七日、国会から徒歩で帰る途中、グラァフ・ベッグル少佐〔民間情報教育局勤務〕に呼び止められ舞台稽古を見に来ないかと誘われ、日米合作の奇妙な見世物の稽古の見学をした。演者は日本人で「芸妓」もおり、「演出者は命令口調のアメリカ将校」だったと記している。以下の記述から、稽古後の様子も窺《うかが》い知れる。

「稽古が済んだとき、軍曹の一人が、芸妓にあいびきの相談を持ちかけた。満面に笑みをたたえた彼は、『ハロー・ベイビー。今夜一緒にどこかに行こうよ』」〔同前、二二ページ〕

日本国憲法GHQ草案起草に関わったワイルズは、占領軍兵士の素行をきわめて抑制的に表現、シロタはほとんど触れることはなかったが、ジャーナリストのゲインは隠すことなく触れている。

一九四五年一二月二一日、午前中ゲインは、公衆衛生福祉局長クロフォード・サムス大佐と日本人記者との会見に立ち会った。夜、総司令部の前を通りかかり「メリー・クリスマス」の豆電球の看板があり、その光が皇居の石垣を照らし、またその光がかつての日本の金融の心臓部を照らしている様を比喩《ひゆ》的に描写している。その光が、日本人女性を照らしている様も記している。

「日比谷公園の入り口でGIたちを誘惑する女たちを照らしていた。彼女たちは、寒さに震えながら、GIたちに呼びかける。『ヴェリ・グッド・ジョー！　ヴェリィ・チープ』」（同前、八〇～八一ページ）

ゲインは、占領軍兵士が占領者として強権を振るい、敗戦国日本の女性は、生きるために売春をせざるを得ない状況を素直に描写している。それはジャーナリストとしての率直な態度ともいえるが、文章からは女性の人権への関心は感じられない。

RAAが設置した「オアシス・オブ・ギンザ」と思しき看板についても触れている。ゲインは第2章の資料2―1の看板を見た可能性がある。

「東京でもクリスマスのお祝いだ。銀座一のダンスホールはこんな看板を出している。『メリー・クリスマス！　美人を揃えて近日開店します』

日比谷公園を根城にする女たちでも知っている。

『メリー・クリスマス、ジョー！　ヴェリィ・グッド、ヴェリィ・チープ』」（同前、八四ページ）

ただし、RAA沿革誌によると銀座一のダンスホール「オアシス・オブ・ギンザ」は、一九四五年一一月二日に開業（阪口1948、三五ページ）しており、その看板には「メリー・クリスマス！美人を揃えて近日開店します」の文言は見当たらないことから、他のダンスホールの看板との混同が疑われる。

日比谷公園にいる女性たちも、終戦の年の暮れには「クリスマス」のことを知っており、少し前まで「敵」であった米国人に対し、クリスマス、つまり宗教儀式を巧みにセールストークに使っている。ゲインは、同じ日の日記に「日比谷公園の女たち」を二度も登場させているが、そこには日本人女性を蔑むゲインの心中が、見えるようにも感じられる。

一九四五年一二月二二日、ゲインは寝台列車で東北最大の都市仙台市に向かう。ドーン准将とロバート・スウル准将と共に元日本海軍クラブで昼食をとる際の様子を記している。

「メチャクチャに丁寧なお辞儀ばかりする日本人の女給仕がべらぼうに大勢いる気持ちのいい建物だった。ここにちょっとでもいれば誰が勝者だったのかをアメリカ人も日本人も心から知っていることがすぐ判る。我々は日本の軍人が占領中の中国でやったような尊大な振る舞いを、けっしてやっているわけではないが、それでも、この日本人の丁重な態度に対するアメリカ人の態度には何か冷たい人情に欠けた固さや露骨な不遜《ふそん》さがあった」〔ゲイン1998、八六ページ〕

ゲインは、勝者の振る舞いを「人情に欠けた固さや露骨な不遜さ」と表現しているように、当時民主主義が最も成熟した国とされた米国軍人の敗者への態度は、それに見合うものではなかったことを理解していた。また同日の日記で、仙台に開業したダンスホールに関してスウル准将の証言を記録している。ある日、日本の警察関係者が要請に来た時のことを記している。「アメリカの兵隊のために大きなダンスホールを開くから許可してくれと言うんです。そこで、私たちは、『淫売婦さえおかなければ』と言ってやりました。『もちろん、淫売などは。何もかも上品にやりますよ』とそいつらは受け合いました」〔同前、九〇ページ〕と同准将が「警察関係者」に、許可を与えたことを記録している。

仙台の占領軍部隊に性病患者が発見され、その兵隊たちがそのダンスホールのダンサーと性的関係を持っていたことが判明し、スウル准将は、即座にダンスホールをオフ・リミッツとした〔ゲイン1998、九〇ページ〕。しかし、ほどなくして、「ホールの持主、仙台市長、警察署長」〔同前、九〇ページ〕がスウル准将を訪ねてきて、「その持主は全財産をそのホールに投げ込み、百二十七人の女給仕とダンサーを仙台につれて来た、この美人たちから仕事を奪ってほうり出しておくのはひどいとは思わないか」〔同前、九〇ページ〕と抗議したことについて、ゲインは記している。

同日の日記からは、二つのことがわかる。

一点目は、占領軍「慰安」施設設置に日本の警察が関わり、その許可を占領軍に求めていたこと。つまり、その許可・不許可の権限の全ては占領軍にあったこと。二点目は、占領軍の性病に関する施策が、日本人の健康を慮《おもんぱか》ってではなく、占領軍兵士に「性病が広がることを危惧《きぐ》」して、オフ・リミッツにしている点である。

わが国の国会において占領軍「慰安」施設設置に国や警察の関与したのかどうかが問い質されたこと（1章参照）があったが、当時の文書が存在しないとのことで、「事実関係」は調査すらされていない。だが、各地の警察史だけでなく、このゲインの記録のように、第三者による文献でも自治体や警察の関与が述べられているのだから、調査すべきであろう。

一二月三一日大晦日、ゲインは「コモロ（長野県小諸市と思われる）」という街のうす汚いバラック建ての守備隊（ハートトレイ中尉率いる兵士一二人構成の守備隊）宿舎の二階の一室にいて、日記を書いている。その部屋の描写が以下のように記されている。

「この部屋の中にあるものは、四台の軍用の軽便寝台、部屋の真中の真黒な石炭ストーブ、二艇の機関銃、私のそばにあるサムライの刀、それからときおりこの部屋に訪れる淫売婦たちの写真だ」（同前、一三三～一三四ページ）

ゲインの描写は事実を記載しているのだが、「この部屋に訪れる淫売婦たちの写真」と記され、これが占領軍兵士の日常の光景として描かれている。

また、同日、ハートレイ中尉主催の大晦日大宴会の模様も詳細に記録されている。宴会には大勢の客が招かれ、「町の教会の牧師と細君」、「現任警察署長」、「前任署長」、その他には「ゲイシャ四人」、「女友達三人」、「誰もべつにいまさらお体裁をとりつくろおうとはしない職業の女たち」（同前、一三四〜一三五ページ）と、明らかに「慰安」を目的にした女性を招待していたことをゲインは記している。

宴会の冒頭、ハートレイ中尉は、部下に以下の訓示を述べている。

「女を二階へ連れて行きたい者は、なるべく髪の毛を摑《つか》んで引きずり上げずに腕を組んで静かに階段を上がって欲しい。とくに今夜は牧師夫婦や上流の人たちも招いているので彼らに悪感をもたれぬようにしてもらいたい。それから、神の御名において、防毒サックを忘れぬように。この隊から性病患者は出したくない」（同前、一三五ページ）

当時の占領軍上層部が、牧師や町の有力者がいる前で、明らかに女性を蹂躪《じゅうりん》することを前提に訓示をしており、また、防毒サック（コンドーム）を使用し「性病患者」を出さないようにすることを主眼に置いている姿は、当時の占領軍の本音を的確に表している。その後実際に、占領軍兵士が女性を二階に連れて行く描写もある。

「兵隊たちはまだ女の髪の毛を摑んで引きずり上げるまでには至っていなかったが、引きずり上げていくことは変わりなかった。二組が二階へ突進して行くたびに、牧師の細君と従妹は見て見ぬ振りをし、二人ともこわばった顔付をしていた」（同前、一三六〜一三七ページ）

シロタは全く描くことのなかった占領軍兵士の実情を、ゲインは客観的に記録している。しかし、ゲインが、日本人女性を性のはけ口としか見ていない占領軍兵士をどのように見ていたのかは、必ずしも正確な描写はないし、そこには女性の人権を顧みる叙述はない。

ワイルズが詳細に触れた安藤明（ワイルズ1954、五五ページ）に関して、ゲインも一九四六年二月二六日、四月一二日の日記で記している。その中で、「大安クラブのことをきいた。アメリカ人たちが招かれて素晴らしい食べ物や酒や女――その家で――提供されるとのことだ」（ゲイン1998、二〇二ページ）とし、ゲインの調査記録ではこれを「破壊的行為」（同前、二〇三ページ）と記している。

ゲインは、破壊的行為として以下の事例も挙げている。「東北に当たるある町で、新しく到着した分遣隊の将校たちに『処女』が提供された（そしてこっぴどくハネつけられた）。またその町に駐屯する将校たちのために、若い売笑婦が他の街から買い込まれた」（同前、二〇三ページ）。

また、ゲインは、この日本側による「破壊的行為」の目的を一九四六年二月二六日の日記に以下のように記している。

「以上のような事例は、みんな占領史の陰惨なそして重要な物語に属する――アメリカ合衆国の軍隊を腐敗させようとする日本側のぬかりのない、よく組織された、そして十分な資金で賄われた謀略の物語である。その武器は、酒、女、歓待であり、その目的は、占領軍の士気と目的を破壊するにある」〔同前、二〇三ページ〕

一九四六年五月一〇日の日記では、東京憲兵司令官代理ロギイ大佐と元ニューヨーク警視総ルゥイス・J・ヴァレンタインと共に、東京・小岩の「慰安」施設インターナショナル・パレスに視察に訪れた際の記述がある。

「これはまさに世界最大の妓楼《ぎろう》以上のものである。同時にそれは、占領軍を本来の目的から邪道へそそのかそうとする日本の努力の、いまわしい記録に対する実証事項の一つなのだ。今この妓楼が占領している建物は、かつては厖大《ぼうだい》な軍需品工場の一部だった。天皇が降伏を宣言したとき、その軍需品工場の経営者たちは会議を開いた。（中略）なんらかの転換がなされなければならなかった。アメリカ人たちがやって来た時、いちばん需要の多い商品は何だろうか。

解答を与えたのは東京の警視庁だった。それに従って、工員の宿舎五棟は妓楼に転換された。経営者の若干は、彼らの経験という利益を提供するために留任した。女子工員のうち綺麗なものは淫売婦としてこれまた留任した。取引は連合軍関係だけに限られた。売上はすばらしく上昇し、やがてのんきなアメリカ人たちは、『ウイロウ・ラン』と呼び始めた。(「ウイロウ・ラン」はデトロイトにあるフォード自動車工場の名で大量生産で名高い)――それほど大規模な生産をやっていたのである」(同前、三三一～三三二ページ)

インターナショナル・パレスは後に東京パレスと改名するが、戦前は精工舎の女子工員寮で、終戦後占領軍「慰安」施設となった◆1。

ゲインは、最初にこの妓楼の一二～一三人の若い女性が厚い布団で寝ている病室を訪れ、女性達に通訳を介してインタビューを行った様子を記している。


「彼女は十九歳で、五ヵ月前この『ウイロウ・ラン』に入る前まで売淫の経験はなかった。現在当会社に一万円の借金があるが、その大部分はこの妓楼の直営する店で買った衣装代だった。他の女たちの話も似たり寄ったりだった。彼女たちの大部分は、アメリカ空軍の空襲で家族を失っていた。中には戦時産業に勤めていて終戦と同時に失職したという者もいた。二、三人は芸者すなわち職業的接客婦だったと言った。売淫を目的とする雇傭契約を禁止するマックアーサー指令を知っているかと尋ねたが、一人も知っているものはいなかった」（同前、三三二～三三三ページ）

このような実態は、本書2章で詳述したRAA設立の経緯と符合する。ゲインは、ダンサーから、ほとんどの女性が借金を抱えていると聞かされた。ダンサーの一人加藤穣は「いいえ、貯金なんて誰もありません。入るお金はみんな会社から買う化粧品や着物になってしまいます」（同前、三三五ページ）と話した。ゲインは、この理不尽な性奴隷の仕組みに直接怒る記述はしていないが、この妓楼に入るお金の膨大さを計算している。

一人の女性が二四時間で平均一五人の兵士を「処理」し、兵士は各人五〇円を支払い、そのうち経営者と女性が折半で受け取る。女性はその収入から食費、医療費、化粧品代、衣装代を支払う仕組みで、結局女性の手元にはほとんど残らない。

「私は大急ぎで暗算した。女たちが二五〇人として一日二十四時間に三七五〇人のGIを『処理』したとすれば、インターナショナル・パレスの一日の収入は九万三七五〇円ということになる。これは確かに悪くない！　兵器製造業者にとってもだ！」（同前、三三五～三三六ページ）

インターナショナル・パレスの女性を性奴隷として搾取する巧妙な仕組みに、女性達が加入する

「婦人保護連盟」がその改善を図るべく経営者と折衝もしていない事実を聞かされ、「いったいどんな組合なんです?」〈同前、三三六ページ〉とゲインは問い直している。彼が唖然《あぜん》としている様子が伝わってくる。

さらに、同連盟の目的は、オフ・リミッツになったパレスを再開し日米親善を図ることだと女性達から語られた〈同前、三三六ページ〉。また、婦人保護連盟の名で、マッカーサーにパレス再開の嘆願書が出されたとしている。

その内容は、「どうぞ、閣下、パレスを再開させ、ホームシックにかかっておられるアメリカ軍の方々を私たちがお慰めできるようにしてください」〈同前、三三七ページ〉だったとしているが、ゲインはこの事実に対してコメントはしていない。ただ、この日の日記からは、理不尽なシステムに呆れたことが窺える。

一九四六年五月二一日、ゲインは、RAA事務所を訪れる。そのきっかけは前年末に、ある大佐から、「世界最大の白奴隷トラスト、レクレーション・アンド・アミューズメント・アソシエーションヨン(RAA)の話」を聞かされ興味を持ったことらしい。ゲインはその後も、断片的なRAA関連の話を聞き、同日RAA訪問が実現した。

ゲインは、事務所に入った時の情景を記している。

「事務員やタイピストや会計係やその他の寄生虫どもでいっぱいの騒々しい大きな事務所だった。

会長が留守とのことで、私たちは『高級顧問』金親政直なる男に迎えられた」（同前、三六二ページ）

金親政直は、実際は高級顧問ではなく、当時渉外課長であったことが『RAA沿革誌』からわかる（阪口1948、二〇ページ）。ゲインは、RAAを「白奴隷トラスト」、「寄生虫」と呼んでいるが、こうした名付けは、女性の人権を蹂躙していることを批判してのものではない。アメリカ人に寄生する日本人の巧妙でずる賢い生き方を批判していると見るべきであろう。

ゲインの日記では、金親がRAAの沿革を語ったことが記され、警視総監が飲食関係者を集め、日本の女性を守るために占領軍兵士を「慰安」する旨演説したと記している。

「諸君、米軍が日本にくる。われわれは米軍が、日本の女――われわれの妻、娘、姉妹に手出しをしないかと心配している。必要なのは彼らの気分をやわらげることである。さらに、米軍がその駐屯中愉快に過ごし、われわれの友人となってくれることは大いに望ましい。そこで政府は諸君が、アメリカ人に慰安を提供するような協会を設立することを命令する」（ゲイン1998、三六三ページ）

しかし、この記述には、若干の誤謬《ごびゅう》がある。『RAA沿革誌』によると、一九四五年八月一八日、警視庁保安課から東京の飲食関係団体に招集がかかり、政府及び警視総監からの要望を受けて「当時警視庁保安課長高乗釋得」がRAA設置を命じたものであった〔阪口1948、一ページ〕。

また、ゲインは、国家に庇護《ひご》され巨大化したRAAに関し、本部には事務員が四五〇人もおり、所属のダンサー二〇〇〇人は「売淫の副業」〔ゲイン1998、三六四ページ〕をし、また、「協会は東京だけで三十三ヵ所の営業所」〔同前、三六四ページ〕を持っている、と記している。

また、RAAは、「日本全国の農村や戦災都市には、従業員募集機関の網が張られていた」〔同前、三六四ページ〕ことから、規模においても信頼度においても、東京にある六六八カ所の妓楼も、RAAには太刀打ちできなかったと記述し、その基底には「日本政府の終始かわることのなき祝福をうけていた」〔同前、三六四ページ〕と、RAAが他の妓楼とは異なり、日本政府から支援を受けていたからだとしている。それは、本書2章で詳述したRAAの設立経緯からも理解できるところである。

しかし、ゲインの、戦後の犯罪、大安クラブやRAAを見る視点は、犯罪組織と日本政府との関わりや、占領軍との癒着《ゆちゃく》に注がれ、その下で女性の人権が蹂躙されていた事実、その要因には一切触れていない。ジャーナリストとしてのゲインにとっては、女性の地位の低さ、性暴力・淫売の問題は、当時の社会では報道するほどのものではない、ということだったのであろうか。

（2）ニューヨーク・ポスト支局長ダレル・ベリガンの日本人女性観・性意識

ダレル・ベリガン（Darrell Berrigan）は、一九一六年に米国カリフォルニア州に生まれた。ベリガンは、一九三九年以降米国通信社（UP: United Press）の記者として、日本、中国、シンガポール、タイ、インドネシア諸国で活躍し、アジア通として知られた。第二次世界大戦後ニューヨーク・ポスト日本支局長として日本に滞在し、日本社会に潜む前近代的文化、特に、ヤクザ組織、売春に関して様々な調査を行っている。一九五一年にいったん米国に帰国し、一九五四年から一九六五年までバンコクの英字紙バンコク・ワールド（Bangkok World）主筆として活躍した。

ＧＨＱによるプレス・コードが存在し、日本人が自由に発言できない状況下で、海外メディアの特派員・駐在員は、日本社会を分析した記事や書籍を発行していた。その中の一人が、ベリガンである。

ベリガンは、一九四八年に『やくざの世界』（近代思想社）、一九四九年には『ＯＦＦ　ＬＩＭＩＴＳ――くらやみの登場者たち』（世界評論社）を出版している。これらの書籍では、ベリガンが実際に多くの日本人に接し、インタビューした内容が克明に記されている。

まず、『やくざの世界』では、ヤクザ、侠客、新興ギャング、売春婦などのインタビューをし、日本社会の内幕を詳《つまび》らかにしている。ベリガンは、上野駅でぽん引き◆2を生業《なりわい》とする「健二」の一部始終を記録している。

「健二は上野駅あたりをうろついて、列車の到着をみはっている。（中略）困っていそうな若い可愛らしい女にとくに眼をつけるのである。涙を頬にためた女とか、顔をぎょっとした色や打ちひしがれた色を浮かべた女に目星をつけると、彼はその側によりそってなんとかしてあげるという。彼は上品な、親切そうな、丁重な、世話好きなふりをして、若い未婚の女の肉體《にくたい》をものにしようとする毒牙をかくしている」〔ベリガン１９４８、一一一～一一二ページ〕

ベリガンは、健二の行動をジャーナリストの目で捉え、その本質を暴いている。東京の生活に馴染めず故郷に帰る途中で財布を含めて見ぐるみ盗まれた若い女を、健二は「金をさんだんしてやる」と親切者を装って近づき淫売宿のホテルに連れ込み、その女たちを淫売婦に仕立てる様子が描かれている。

「時にはそこで健二自身が娘と初夜を明かし、新しい職業をおしえこんで、遊情悦楽の美しい生活を聞かせたりする。あるいは、娘を残したまま立去ってしまうこともあり、娘は翌朝になってはじめて、約束の金はもらったけれども、その金は自分の體《からだ》でまず稼ぎださなければならないものであったということに、気がつくのである」〔ベリガン１９４８、一一二ページ〕

健二やその仲間による組織は、「多数の與太者《よたもの》の組織の支部であって『衛生委員会』と呼ばれ」（同前、一一二ページ）、「健二は一軒四十人の女郎を抱えた六十軒の女郎屋をもっている向島の関根・木津の共同事業のために」（同前、一一二～一一三ページ）働いている、としている。戦後三年しか経ていない時期に、戦前の遊郭が実質的に復活し、「衛生委員会」の名の下に多くの女性を売春婦として囲っていたことがわかる。

ベリガンは、「今日このような娘たちはたくさんいる」（同前、一一三ページ）と記している。それは、「日本の家制度は厳格すぎるし、権威に對《たい》する恐怖も強すぎる。貪亂《ママ》な眼付をした親切そうな紳士の健二につられて入ったわなにかかると、ほとんどすべての娘が、ただ涙と恐怖にくれるばかりで、すぐに何の反抗もせずに屈服してしまう」（同前、一一四ページ）。気がつくと、健二に前借ができておりその中から割前すらハネられていても、「娘は警察に訴えることもしない。彼女はなんの希望もなく、なんの異議もとなえずに『母さん』や『父さん』のいうとおりになり、他の娘たちからすべてのことを學んで、女郎生活に落ちつくことになるのである」（同前、一一四～一一五ページ）と、当時の日本社会を痛烈に批判し、その要因を日本の家父長制に求めている。

子どもを借金の方に「女郎に売るようなひどい家庭」（同前、一一五ページ）は、「日本には貧富を問わず、高下をとわず、多いものである」（同前、一一五ページ）と、ジャーナリストとしての鋭い観察眼で分析している。

しかし、以下の文言は、アジア、ひいては日本社会を西欧社会と比べて文明が遅れ、きわめて野蛮な社会だとするステレオタイプ的な分析ともいえる。

「ごくつぶしとしてしか映らない娘を女郎に売ろうが、なんら良心の呵責を感ずることはないのである。こんな両親は、娘が『生きたセックス――生エロになること――をすること』を娘の義務とこころえている。このような家庭の危機に直面すれば、心は濫り涙と悲しみとに打ちひしがれた母親でさえ、それが孝行なのだから、娘は父親のいいつけどおりにすべきだというのが普通である」〔同前、一一五～一一六ページ〕

ベリガンは、日本社会の家父長制下で創出された公娼や淫売制度を批判しているが、占領者としてその軍隊がその制度を利用して性暴力を振るっていた実態については全く記していない。考えられるその要因は、当時、占領軍批判を禁じたプレス・コードの存在で、彼が占領者側であるが故に、占領者側の犯罪性は消去できると高を括っていた可能性も否定できない。

また、ベリガンは、日本の公娼制度廃止に関しても言及している。GHQは占領期のかなり早い時期、一九四五年一二月段階で廃娼を考えており、翌一九四六年一月七日には日本政府に対して廃娼の準備を要請し、同年一月二一日、GHQ高級副幹部補佐官H・W・アレン大佐から日本政府に「日本における公娼の廃止（覚書）」が命じられ、日本政府は一九四六年二月二日、内務省保衛局長名で各都道府県・警察に「公娼制度廃止に関する件」との通牒《つうちょう》を行い、廃娼が決まった。

ベリガンは、廃娼が決まって以後の状況と、警察の対応を記している。

「女郎たちは転業もできないいし、住居もないだろうから、いますぐにはこの社会的な疾病を治すことは困難だと警察はわたしに説明した。警視庁保安課課長白石又一も少しまえに私にこんなことをいった。『われわれは公娼制度は廃止したが、女郎たちはすぐに転業できないから、私娼の存在を黙認せざるを得ない』」（同前、一一七ページ）

ベリガンが指摘した「私娼」の存続の黙認は、GHQの覚書（一九四六年一月二一日）が発せられる直前の一九四六年一月一二日に、警視庁保安部長が、公娼制度は廃止しても私娼として存続させる旨の発表を行ったことを指している。また、同年一一月一四日には、第一次吉田茂内閣において、「特殊飲食店街（赤線）」に娼家を集め、実質的に売買春行為の営業を認める決定を行っている。ここにも、長らく続いた公娼制度が、たやすくは廃止できない状況が垣間《かいま》見えてくる。

ベリガンは、「女郎」に身をやつした女性がその生活から抜け出すことができないのは、その特殊な生活環境と、日本社会の娼妓への差別にも起因していると指摘している。

「大半の時間を部屋に閉じ込められた女郎の生活は怠惰なものとなり、娘らしく新しい仕事に取りかかろうという気持ちをなくしてしまう。このような生活を数カ月もしたら、その娘たちを他の生業につけることはほとんど不可能である。（中略）しばらくでも女郎として働けば、たとえ法律によって解放されたり身受されたとしても、その大部分は醜業をつづけることを選ぶのである。また、彼女らはその過去を恥ずかしめられ、同情のない社会の白眼視から逃れ、業な仕事ではないが、少なくとも経験があり自分でやれる生活に舞いもどるのである」（同前、一一七〜一一八ページ）

確かに、近代日本における公娼制度や売春防止法による女性の人権蹂躙には、日本社会が抱える家父長制の残滓《ざんし》や歴史性が存在するであろう。その意味では、ベリガンのジャーナリストとしての日本分析は的を射ている。この回想録の最後に、ベリガンは、「娼妓にせよ、淫売婦にせよ、決して堕落した女たちではなかった。日本社会が堕落させ、日本の政治が堕落させてきたのであるといえよう」（同前、一四九ページ）と指摘している。

日本社会を分析する場合、様々な事象は超歴史的観点からではなく歴史的観点からの分析が肝要である。しかし、日本の歴史の中で初めて外国による占領統治を受けた時代である事実を勘案すると、当時の女性の置かれた状況、人権蹂躙を日本の歴史の中だけで分析するのが妥当だろうか。そこには占領統治による特殊性、とくに当時の日本人、米国人が持っていたジェンダー観も背景とした、権力による女性の人権の蹂躙という論点を巧妙に排除する論理がはたらいていないだろうか。それは、いわば占領者にとって都合のよい分析・歴史観ではなかっただろうか。残念ながら、ベリガンの日本人女性への視点は、占領者を善として捉え、全ての問題性を日本の社会、政治、歴史にだけ起因するとするきわめて偏狭な思考のように著者には思える。

二　占領期医療福祉政策を牽引したGHQ高官サムス准将の回想に見る女性観

本節でとりあげるのは、戦後日本の医療福祉政策の基礎を築いた米陸軍軍医准将・GHQ公衆衛生福祉局長クロフォード・サムス（Sams, Crawford　一九〇二～一九九四）の回想録『DDT革命　占領期の医療福祉政策を回想する』〔クロフォード・サムス、竹前栄治訳、岩波書店、一九八六年〕である。回想録の原文〔Medic, 1962〕は、出版されることなくスタンフォード大学フーバー研究所に所蔵されている。

サムスは、一九〇二年四月一日、イリノイ州セントルイスに生まれた。高校卒業後、従兄弟が医学生であったことから医師に憧れ、一九二五年一二月ワシントン大学医学校に入学、一九二九年「脊髄液循環」と題する論文で医学博士号を取得した。その後は軍医の道を歩むこととなった。

第二次世界大戦終戦に伴い、一九四五年から一九五一年まで日本でGHQ公衆衛生福祉局長として赴任し、マッカーサーの解任とともに日本を離れた。

サムスは、一九四五年八月三〇日、アメリカ海軍指揮艦スタージョン号で横須賀に入港し、軍政局公衆衛生福祉主任として業務を開始している。ＧＨＱは、横浜市の横浜税関ビルに置かれた。赴任後まもなく、サムスは、日系二世の通訳を伴って横浜市内の偵察に向かい、警察病院◆3に寄った時の状況を克明に記している。

「畳の上にうずくまっている三人の日本人たちが、われわれが彼らを処刑しに来たと思い込んでいるのを知った。彼らは最後の抵抗の意志を示すために、ここにこうして残る決心をしたのである。（中略）空襲で生き残った横浜の人たちは、アメリカ兵が焼け残ったビルや家々を襲って略奪強奪し、女を強姦《ごうかん》し、男や子供は殺戮《さつりく》すると考えていた」〔サムス１９８６、二三ページ〕

サムスは、通訳を通して非武装の住民を強姦したり、殺戮したりしないと告げたが、三人の男は「そんなことはとても信じられないと言った顔に変わった。私はあの顔つきをけっして忘れないであろう」〔同前、二五ページ〕と記している。この回想録が、任務を終えてから七年後の一九五八年に書かれており、個別の事象は事実としても、その思いに関しては、回想者の主観が働き、自らの意図が隠されている可能性がある。一九五〇年には朝鮮戦争が開始され、またベトナム戦争への兆候が見られる時期でもあり、アメリカを「ホワイト・ナイト」として描きたかったことは想像に難くない。

1章でも詳述したように、占領軍兵士による強奪、強姦は相当数に上ったことは、内務省保安課課長より「米兵の不法行為対策に関する件」との通牒が、たびたび都道府県警察に発せられていることを鑑みれば、事実はサムスの回想と相当食い違っていると見るべきである。

サムスは、同日、警察病院の向かいの古いアパートに向かっている。

「道路の向う側に破損を免れたアパートの建物があった。〔中略〕建物の中には何人かの日本人女性がいたが、通訳によれば、彼女らは占領軍に奉仕するために待機している売春婦たちだった。この建物はその後、占領軍部内、およびワシントンとの間で、長い論争の的となったのである」〔同前、二二五ページ〕

この記述は、長らく神奈川県知事を勤めた内山岩太郎の手記とも付合する。

「警官は田舎に出かけて、経験者の婦人八十八人をかき集め、中区山下町の古いアパート互楽荘で待機させた。警務部の考えでは、一般の婦女子を将兵の乱暴から守る緩衝地帯としたわけだ。八月二十九日に米軍が上陸、翌三十日には互楽荘には何千人という兵が列を成した」〔内山1968、一六〇〜一六一ページ〕

サムスの回想では、警察病院の向かいにたまたまアパートがあり、「日本のアパートを見るのは初めてだったので私は入ってみた」（サムス1986、二五ページ）としているが、サムスが横浜に赴任した時点では、内山の手記からも占領軍兵士が女性を求めて「慰安」所に殺到していた様子が見てとれることから、単にアパートに興味があって入ったとの言質は不自然である。GHQ高官であるサムスが、そのアパートに入るまで、そこが占領軍用の「慰安」所だと知らなかったとは到底考えられない。

また、サムスが「長い論争の的となった」と記しているのは、占領軍兵士に性病が蔓延《まんえん》したことを、日本の売春制度に問題があるとし、「米兵を性病から守る」ために「慰安」施設をオフ・リミッツにし、女性の狩り込みを行ったことを正当化しようとするねらいを感じる。仮に「長い論争」があったとしても、それは女性の人権という視点からではなく、あくまでも占領軍兵士を守ることが目的のものであった。

一九四五年九月一七日、GHQは、横浜税関ビルから、東京都千代田区丸の内の第一生命保険会社本社ビルに移転し、サムスはGHQ公衆衛生福祉局長に任命され、第一生命ビル一階に入った。

サムスは、占領後期に日本の一人の有力者に以下の質問をしたことを回想している。サムスは彼に「日本人は戦争に負けたのになぜ占領軍の使命達成に協力するのか、なぜ日本人は我々を憎悪し、仕事をサボタージュしないのか」（同前、八一ページ）と問うた。その日本人は、「過去において日本が近代化にのり出したとき、われわれは、多くの有能な人たちを世界各国、とりわけ欧米に送り出し、日本に適用できると思われる秀れた思想や物を持ち帰らせた。（中略）日本は世界各国の中でドイツをナンバーワンと考え、この国を模倣しようとした。ところが、アメリカは日本に勝利し、日本に優越していることを示したのみならず、当のドイツにも勝ったのである。だからわれわれはアメリカのすぐれた物を導入するのに協力的なのである」〔同前、八一～八二ページ〕と答えている。

この答えを聞き、サムスは、「今やアメリカは世界のナンバーワンになったのであり、日本人はわれわれから学ぼうとしたのは当然のことであった。（中略）もしわれわれが宥和政策をとり続け、今までわれわれを尊敬し、忠誠を誓ってきた国に我々の弱みを見せるならば、現在のような冷戦の時代にかつては友好国であったアジアや中東、アフリカの諸国を敵国に追いやるようになる」〔同前、八二ページ〕と述べている。勝者の驕《おご》りが端的に表現されている。この感覚に唖然《あぜん》とせざるを得ない。

サムスは、占領初期に日本各地を視察している。その中で、天理市の天理教本部に招かれた折の記述がある。

「日本の家での夕食やおもてなしにあずかることにした。まず裸になると、お湯のいっぱい入った直径1フィートほどの小さな木の桶と、小さな石けんを渡された。風呂場の床にしゃがんだまま、これを使って体を洗うのである。次に数人の日本女性が風呂場に入ってきて、小さな湯桶で湯を何杯も頭からかけて汚れを洗い流してくれた」〔同前、九三ページ〕

サムスは、天理教本部での経験を何の違和感もなく淡々と記述しているが、勝者にとって、日本人女性が裸で「おもてなし」をするのは当然だと感じていたのだろうか。また、東京で幾度も招かれた宴会で、「芸者」がサムスの係となった時のことを綴っている。「(一流芸者は) 客を相手にして、一夜を共に過ごそうとはしないのだ。もし客がその手の相手が欲しければ、『女郎』を買うということになる」(同前、九三ページ)。サムスは女性を買うということを抵抗なく言い放っている。こうした叙述からは、勝者の驕《おご》り、被占領者への蔑視、人権感覚の欠乏がみてとれる。

また、サムスの回想録では「予防医学の導入」に多くのページが割かれている。確かに、戦後の日本の予防医学、公衆衛生の発展には、サムスやGHQ公衆衛生福祉局が果たした役割は計り知れない。

当時、日本は敗戦により衛生関係のインフラが破壊され、占領開始から一九四六年七月までの間に、三万三五〇〇人の発疹チフス患者が出ていた。「そのうち三万人の患者は、一九四六年一月から七月の間に発生した。流行を抑えるために、約四八〇〇万人の人々を対象にシラミの駆除対策を講じ、五三〇〇万の人々に発疹チフスのワクチンが接種された」(同前、一四七ページ)とし、ワクチンが大きな効果をあげたことが記されている。

サムスは、中東での伝染病流行と日本で流行っていた発疹チフスの関係性についての研究プロジェクトを立ち上げたとしている。

「日本におけるわれわれの調査は、中東での伝染病流行の状況とも、また、この二つの疾病は、個別のものであるという既存の説とも一致しなかった。われわれの血清学的研究では、患者の約四七パーセントの患者が発疹チフスに罹《かか》っており、約二九パーセントは発疹熱に、そして、約二三パーセントはどちらともつかないものであった。これらの疾病が一つの疾病なのか、あるいは二つの別個の疾病なのかを決定するために、われわれは希望者を募って、いくつかの研究プロジェクトを始めた」（同前、一四八〜一四九ページ）

資料6―1　「受刑者に発疹チフス人体事件」

(1)　14版　第38013号

受刑者に発疹チフス人体実験

GHQ命令で　厚生省と東大

敗戦後の22年に

65年度は20兆

国債費　大蔵省が

出典：毎日新聞1982年2月5日付

このプロジェクトが、刑務所の受刑者を対象にした「人体実験」であったことが三六年後の一九八二年に新聞報道されている（資料6―1）。「昭和二十二年、厚生省と東京大学の研究所がGHQの命令により、当時まん延していた発疹チフスの研究のため刑務所の服役者に感染させる人体実験をしていた」（毎日新聞一九八二年二月五日付）。

サムスの回想では、「われわれは希望者を募って、いくつかの研究プロジェクトを始めた」と記述されているだけで、人権を蹂躙する「人体実験」に関しては全く触れていない。また、毎日新聞の報道では、一九四六年一一月、サムス大佐より「実験台に医学生」を使うように命じられたが、東大医学部長兼伝染病研究所長（当時）田宮猛雄が「生命に別条がないという保証はない。人道上許されないことであり、米国が日本に求めている人命尊重の精神に反する」（同前）と反論したが、サムスは「それでは死刑囚を使え」（同前）と再度要求している。同新聞では、サムスによる再要求に対する日本側の反応と、サムスの苛立ちが記されている。

「日本側は、これについても『わが国では前例がないし、死刑囚といえども人権は尊重されるべきだ』と反論した。大佐は納得せず、今度は『可能かどうかまず法務省に確認せよ』と命令。さらに『日本は敗戦国である。それを忘れるな』と声を荒げ、席を立った」（同前）

「毎日新聞」は、三五年ぶりに明らかとなった人体事件として「スクープ」したが、筆者が調べたところ、一九六四年七月に発行された『田宮猛雄先生を偲《しの》ぶ』には、既にこの事実が記されている。

「1946年の秋には又先生と私（北岡正見）がGHQに呼び出された、（中略）サムス大佐は日本にも発疹熱があり、これが衣虱《ころもじらみ》を通過して発疹チフスになるとの説もあるので、それを人体実験で確かめることは防疫上極めて重要だから、医学生を用いて人体実験を行うようにいった。（中略）人道上許されないと先生がいわれました。するとサムス大佐は米国では医学生を使うが、日本ではそれをやめよう、その代り米国でもやっている受刑者を使おう、（中略）人体実験に受刑者を使うことは日本では前例がなく不可能だと申されたが、彼は可能か不可能かについては法務省に確かめてからにせよといった。すると先生は、新薬があるから生命は大丈夫ということだが、その薬名と、現物を見せて頂きたいと申された。彼は、困り、急に立ち上がり、他に約束があるからとて先生の問いに答えずそのまま立ち去った。あとで、先生は卑怯《ひきょう》なやつだといっておられた」〔北岡1964、二一七ページ〕

GHQの命令による人体実験は、一九四七年、春と秋二回、刑務所受刑者一二名に対して行われた。発疹熱の病原体に感染したうさぎをシラミに吸血させて、そのシラミに受刑者を吸血させ感染させるものであった。数人の被験者が発疹熱には罹ったが発疹チフスに移行しなかったことから、有用な成果が得られず二度の実験で中止されている。

日本では関東軍七三一部隊（石井四郎部隊）が、第二次世界大戦中に中国大陸で、中国人に炭疽《たんそ》菌《きん》、ボツリヌス菌を植え込むなどの人体実験を行っていたことは周知の事実であり、人権を蹂躙する非人道的な行為があったが、石井四郎とその関係隊員はマッカーサーと取引し、人体実験を含む研究データをアメリカに渡すかわりに、戦争犯罪に問われないとされた〔青木2008〕。

サムスは、第二次世界大戦中に日本が組織的に人体実験を行っていたことを十分承知していただろう。発疹チフスの実験において「死刑囚をつかえ」(北岡1964では「受刑者」となっている)と命令したにもかかわらず、日本側が抵抗した点に「声を荒げた」のは、日本側の嘯《うそぶ》く姿を苦々しく思っていた結果だといえる。あるいはサムスの「今やアメリカは世界のナンバーワン」だとの驕りが、日本で人権を蹂躙しても一向に構わないとの態度となったのかもしれない。

また、サムスの敗戦国日本への高圧的な態度は、性病予防に関しても同様といえる。彼は、「今日では性病は近代的方法で防ぐことができる疾病である。しかし、多くの人々にとって、これは医学上の問題のみならず、道徳上の問題でもある」(サムス1986、一八三ページ)、と高潔な側面を覗かせているが、その実、兵士による買春を容認し、売春する側に「道徳観」を押し付けるものともいえる。そしてサムスは、米軍兵士を性病罹患から守ることが第一義で、日本人女性の人権を擁護する立場を示したものではなかった。

サムスの「軍隊による買春を実質的に容認する立場」は、以下の記述からも読み取れる。

「軍隊内で性病は、常に重要な問題となっていた。(中略)彼らのキャンプや軍事施設の近辺で若い女性と普通に交際することができない場合が多い。そして、多くの兵士たちは売春婦やたとえ売春婦ではなくても、相手を選ばないような女性たちと接する他はないことが多い」(同前、一八三ページ)

米国では、軍隊における性病罹患に対し、厳しい措置がとられていた。たとえば陸軍においては、「戦時規律条項のもとでは、もし兵士が予防を怠り、性病に罹った際には二つの罰を受ける」（同前、一八四ページ）とし、治療中の給料の支払い停止、性病予防を怠った罪で軍法会議に掛けられるというものである。この厳しい措置の目的は、兵士が性病に感染して兵力が低下することを防ぐためであった。

ＧＨＱ／ＳＣＡＰは、一九四五年一〇月に、ＳＣＡＰＩＮ１５３「性病コントロールについての覚書（Control of Venereal Diseases）」を発し、厚生省に対し梅毒・淋病・軟性下疳《なんせいげかん》を指定伝染病に追加させ、都道府県警察には街頭で該当者を一斉に逮捕し検査をする「狩り込み」を実施させた。当然、この措置に対してＧＨＱ公衆衛生福祉局長サムスは、「アメリカ軍当局のこのような人権を無視した狩り込みは、日本人の大きな怒りを買った」（同前、一八九ページ）と記している。しかし、「日本占領軍の軍司令官の中には西南太平洋の島々での戦闘を経てきた将兵たちには、『彼女たちと楽しむ』資格があるのではないかという者もいた」（同前、一八九ページ）とあえて記している。ここにサムスの本音も窺える。

もちろん、サムスが、戦後日本の医療制度、公衆衛生、社会福祉制度の発展に貢献したことを否定するものではない。だが、同氏の女性観・性意識は民主主義国家を標榜《ひょうぼう》した当時のアメリカの真の顔がどのようなものであったかを示しているようにも思われる。

本章では、ジャーナリストであるマーク・ゲインの日記と、同じくジャーナリストのダレル・ベリガンの論考、及びGHQ高官クロフォード・サムスの回想をとりあげ、エゴ・ドキュメント分析から彼らの女性観・性意識を詳らかにした。

ゲインとベリガンは、占領期の体験をオンタイムで記録していることから、後の知見が混在している可能性はなく、当時の彼ら自身の女性観が正確に読みとれた。

ゲインは、終戦直後の一九四五年一一月シカゴ・サン紙の東京支局長として日本に赴任し、約三年に及ぶ滞在で、GHQ及び日本人高官とも交流を深め、彼の視線は米軍占領統治時代初期における犯罪組織と日本政府や占領軍との癒着事件に注がれ、女性の人権に関しては必ずしも十分にリサーチしていない。

彼は、たびたび大安クラブやRAAに関して触れていることから、占領軍「慰安婦」問題に関心があったと思われる。だが、女性の地位の低さ、性暴力・淫売の問題の要因に関して深く掘り下げることはなかった。

ベリガンは、ゲインと同時代に日本に滞在したジャーナリストであったが、東アジア情勢に造詣が深かっただけに、日本で起こるさまざまな事象を日本の歴史だけから分析しようとしたきらいがあり、日本の歴史上初である外国による占領統治という未曾有の特殊性からの分析はなおざりにされている。当然、日本女性に向けられる視点も、日本の社会、政治、歴史の中だけに起因するとするきわめて限られたものとなっている。

サムスは、一九四五年八月三〇日に日本に着任し、マッカーサー元帥のもとで公衆衛生福祉局長として、日本の医療・福祉制度改革に尽力した。サムスの回想録は、戦後史の中でも医療福祉分野の研究が必ずしも十分ではない中で、その空白を埋める重要な位置を占めている。しかし、偏見や事実誤認も見受けられ、日本の社会・文化を正確に理解できていたのかには疑問が残る。

また、日本人女性観に関しては、きわめて保守的であり、売買春に関しても、日本人女性の人権を守るとの発想はほとんどなく、占領軍兵士をいかに性病や他の感染症から守るのかに焦点がおかれていたことを、今回のエゴ・ドキュメント分析であらためて知ることができた。

注
◆1　東京パレスに関しては、坂口安吾の「田園パレス」に詳しく記述されている（坂口安吾『安吾巷談』角川書店、一九七三年）。元は『文藝春秋』一九五〇年一～一二月号に連載されたエッセイの一つ。
◆2　ぽん引きとは、旅行者や土地不案内な者に対して、甘言で金銭を取り上げ、売春などを勧誘・斡旋《あっせん》するものを指す。
◆3　サムスの手記に登場する「警察病院」は、一九三四年五月に横浜市中区山下町に建設された

「警友病院」のこと。現在は「けいゆう病院」としてみなとみらいに移転している。

引用文献

- 青木冨美子２００８『７３１――石井四郎と細菌戦部隊の闇を暴く』新潮社、二〇〇八年。
- ベリガン１９４８『やくざの世界――日本社会の内幕』近代思想社、一九四八年。
- ゲイン１９９８『ニッポン日記』筑摩書房、一九九八年。Gayn, Mark. 1948, Japan Diary, W. Sloane Associations.
- 毎日新聞一九八二年二月五日付朝刊。
- 坂口勇造１９４８『Ｒ・Ａ・Ａ協会沿革誌』特殊慰安施設協会、一九四八年。
- サムス１９８６『ＤＤＴ革命　占領期の医療福祉政策を回想する』竹前栄治訳、岩波書店、一九八六年。Sams, C. 1962, Medic, Hoover Institution of Stanford University.
- 北岡正見１９６４「終戦前後の先生」『田宮猛雄先生を偲ぶ』メディカルカルチュア、一九六四年。
- 内山岩太郎１９６８『反骨七十七年――内山岩太郎の人生』神奈川新聞社、一九六八年。
- ワイルズ１９５４『東京旋風――これが占領軍だった』井上勇訳、一九五四年、時事通信社。

終　章　性暴力における戦時と平時の連続性

本書のテーマは、「占領期の性暴力」がどのように起こったか、背景にはどのような女性や性へのとらえ方（ジェンダー観）があり、何が問題なのかを掘り下げることであった。

終戦の一九四五年八月一五日から三日後の同年八月一八日には、政府が「外国軍駐屯地における慰安施設設置に関する内務省警保局長通牒《つうちょう》」を都道府県関係部局に発し、「日本人の保護を趣旨として「占領軍性的慰安施設」設置を促し、「慰安」にあたる女性を「芸妓、公私娼妓、女給、酌《しゃく》婦《ふ》、常習的売淫犯罪者等」とした。また、一九四五年九月四日には、内務省は「米兵の不法行為対策資料に関する件」を再度都道府県関係部局に通知し、米兵による「婦女子強姦《ごうかん》予防として」、「米兵慰安施設を急設すること」を喚起している。

いわば「一般婦女子の防波堤」（労働省婦人少年局1952、二ページ）のために、売春の心得のある者を占領軍兵士に供したのである。この思考が、第二次世界大戦下、日本の占領軍下にあった朝鮮半島、中国、インドネシア、フィリピン出身者を従軍「慰安婦」に仕立て、兵士の性的「慰安」に当たらせた経験からきたものであったことは、当時警視庁総監であった坂の証言からも理解できる（本書1章）。

このイデオロギーは、男性兵士は「慰安婦」すなわち生身の女性によって性的快楽を得て、結果、一般女性への性暴力・性犯罪をとどまるとするものである。しかし、一般女性と、「慰安婦」との二分法は、性差別的であるとともに、女性を分断して支配することを容認するものであり、その結果として、男性中心のジェンダー観でできた社会を維持・拡大することに寄与することにしかならない。また、筆者は、このイデオロギーが、平時においては、一般女性と売春婦に置き換えられ一般化される点に注目している。

一　日本軍「慰安婦」問題と占領軍「慰安婦」問題の共通性

日本軍「慰安婦」問題は、一九八七年の韓国の民主化の後、本格的に取り上げられるようになった。一九九一年には金学順《キムハクスン》氏が、元従軍「慰安婦」として名乗り出て日本政府の責任を追及したことが、日本での従軍「慰安婦」問題と戦時下性暴力を本格的に考えるきっかけとなった。

しかし、残念なことに外国人従軍「慰安婦」問題と、日本人「慰安婦」や占領軍日本人「慰安婦」とを、共に、ジェンダーや女性の人権という観点から並列的にとらえ、論じることは必ずしも多くなかったと思われる。外国人従軍「慰安婦」は、日本の官憲により強制的に徴用され性暴力に晒《さら》されたことに重大な問題があり、一方、日本人「慰安婦」や占領軍日本人「慰安婦」は「商業売春」問題であり別次元の問題だとされてきた。これは、女性の人権問題に高い関心を寄せる人々においても区別され、その根源的な共通性である性的人格権の侵害や、人権を守る社会的責任に関して十分に議論されてこなかったことによるのではないか。また、それは、日本人の占領軍「慰安婦」、つまり占領軍に性奴隷として差し出された女性の問題を、国家レベルでほとんど議論してこなかった理由でもあるだろう。

近年の従軍「慰安婦」をめぐる議論は、それを公娼制度下の娼妓や売春防止法下の商業売春などとは別次元の問題として扱うことで、植民地支配下・戦時下の従軍「慰安婦」の強制徴用・連行や性暴力被害を浮き彫りにしている。実際に、元「慰安婦」の方の証言からも、日本の官憲により連行され、日本軍兵士に供され、日々性虐待・性暴力を振るわれていた事実が明らかになっている。これが植民地への支配と差別の問題という側面を持っていることは当然であり、著者もそれは重要な視点と考えてきた。

一方、日本人占領軍「慰安婦」という問題は、1～3章で論じたように、公娼制度の延長線上にあることとは疑いようのない事実である。その中にある、国家が女性を管理・支配し、性的に搾取する構造には、従軍「慰安婦」問題との間に連続性がある。この問題が今日の日本社会においても構造的に残存していることに、筆者は関心を持ってきた。そして、それは戦時中に日本が外国人の従軍「慰安婦」をつくりだした背景にも通じる社会構造ではないかととらえている。筆者は、この社会構造に焦点を当てなければ、国家管理の公娼制度における、あるいは公娼制廃止後における、性的自己決定権を行使したとされる性的サービス行為を、誰かが客として買うこと（買春）は許されるとの認識を肯定してしまうことになると考えるのである。

3章でみたように、近代の日本における性暴力の根源には、女性を男性の付属物として差別的に支配し（明治憲法や明治民法）、無権利状態におき、飢饉《ききん》、多子等で貧困に喘《あえ》ぐ人が前貸金を当てに娘を売り渡す「人身売買」を含んだ公娼制度があった。まさに、公娼制度は、国家が人身売買を手助けし、貧困の責任を「家長の甲斐性《かいしょう》」の問題にすり替え、一切の責任を国家が負わないシステムであった。外国人従軍「慰安婦」であれ、日本人従軍「慰安婦」、占領軍「慰安婦」であれ、その経緯を見れば、国家が女性を性暴力に晒す制度をつくったことは明らかである。だがそれだけでなく、売春者を国家管理していた公娼制度はもちろんのこと、それが廃止されて六〇年以上たった現在でも、売春に従事せざるを得ない人々がおり、商取引であれば、女性を性売買・性暴力の対象として蹂躙《じゅうりん》してかまわないとする考え方があるということについて、筆者は国家の責任を問うべきと考えている。端的にいえば、女性の性的人格権を保障する責任が国家にあるということである。

本書はこの点を法哲学的に検討するための研究でもあった。米軍占領下の日本で、国家が、女性を性暴力にさらしたＲＡＡという制度の背景に、この国の指導者、あるいは多くの人々が持っていたジェンダー観、女性観があったとすれば、そのジェンダー観・女性観を批判的に組み替えるという課題が見えてくるはずであり、それはまさに現在の日本にも当てはまることかもしれない。最近、注目されている性的人格権は、そうしたジェンダー観・女性観の問題を、人権保障という視点、すなわち公的な法制度として構成する上で重要な概念であると考えている。

外国人従軍「慰安婦」問題への性暴力に対し国家に賠償責任があるのは明白である。この問題は引き続き追及されるべきである。と同時に、公娼制度や戦後の占領軍「慰安婦」、基地売春、さらに一九五八年以降、今日まで続く売春防止法下で、売春を個人の「責任」にすり替えることを、私たちは続けていいのかと考えるものである。

それは、一九五六年に制定された売春防止法の目的からも察することができる。同法第一条は、様々な困難を抱え生きるために売春をせざるを得ない状態にある人が「人としての尊厳を害し、性道徳に反し、社会の善良の風俗をみだす」のだと決めつけ「処罰」する、また売春を行うおそれのある女子は「補導処分・保護更生の措置」により売春を防止するとしている。これは様々な困難を抱え、性を売ることによってしかその困難を打開できない当事者女性を処罰対象と見なし、結果、「蔑視・差別」の対象と見なす意識を醸成するものであった。

もちろん、一九九〇年代以降の世界的な女性人権運動の隆盛と、日本における約三〇年の売春防止法に代わる支援法制定運動が、政府を大きく動かし、第二〇八回国会において超党派で「困難な問題を抱える女性支援法案」が提出され、可決・成立した。同法の成立は、一定の前進である。

新法においては、現行法の目的の「売春を行うおそれのある女子に対する補導処分及び保護更生の措置を講ずることによって、売春の防止を図る」を削除し、「困難な問題を抱える女性への支援のための施策を推進し、もっと人権が尊重され、及び女性が安心して、かつ、自立して暮らせる社会の実現に寄与する」こととした。また、婦人相談所は、「女性相談支援センター」と改称し、「指導」から「援助」へ、婦人保護施設は、「女性自立支援施設」と改称し、「収容保護」から「自立支援」、ならびに退所者への「相談援助」も新たに加えた。

つまり、新法においては、売春をせざるを得ない女性を「困難な問題を抱える女性」とし、処罰や蔑視・差別から人権を尊重した「支援」に舵を切っている。この点は評価できるし重要であるが、「女性個人」に焦点を当てた支援だけで、本当に女性を性売買・性暴力から守り人権が尊重・保障された社会の構築につながるのであろうか。

二　戦時と平時——売買春における経済的誘導・社会文化的誘導、社会的強制

すでに見たように、日本人「慰安婦」、占領軍日本人「慰安婦」や米軍基地売春、ひいては一般売春は、現状では「商業売春」として「強制性」が否定されている。しかし、中里見博は、売買春において「経済的誘導、社会文化的誘導も『強制』の中に含めることができる」〔中里見2007、五一ページ〕と指摘している。具体的には、経済的誘導を「いまだ広範な職種・職場から実質的に排除され、平均賃金が男性の半分程度に抑えられ、経済的自立が困難な労働市場があり、他方で、何らかのかたちで性を売ることがほとんど唯一男性より高い収入を得られる場として用意されてい

る中で、女性は売買春の中へと経済的構造的に誘導されている」〔同前、五一～五二ページ〕ことだとしている。

また中里見は、社会文化的誘導について、「女性を性的商品価値において評価し序列化する男性の視線とメディアの繰り出す情報の中で、女性は自らの性を経済手段化することに価値を見出すべく社会・文化的に誘導されている」〔同前、五二ページ〕とも述べている。これらの指摘は、性暴力の根源を個人のみに焦点を当てるのではなく、社会・文化・経済の構造を俯瞰的に捉え解明するものできわめて意義深いと考える。

以上のような問題意識から、この終章では、今日の性売買・性産業の根底にある女性の人権問題、あるいはジェンダー観の問題を検討してみたい。視点を海外に向けて、二つの事例に簡潔にふれ、今後の研究課題につなげたいと考える。

まず売春を一般労働と認め、セックス・ワーカーを差別しないことでジェンダー不平等を解消しようとする方向性〔非犯罪化〕を前提に、セックス・ワーカー、売春管理者、顧客の三者全てを犯罪として問わない完全非犯罪化を目指すニュージーランド・モデルにふれたい。次に、性的サービスを購入する〔または購入しようとする〕行為、及び性売買斡旋《あっせん》行為を犯罪者として摘発し、性的サービスを販売する者は非犯罪化され、カウンセリングや社会サービスの対象者として保護するとする北欧モデルにふれる。世界的には、各国の性産業政策が、この二つのモデルに収斂《しゅうれん》されてきている印象を受けている。

三　売買春の非犯罪化の流れ――ニュージーランド・モデルと北欧モデル

（1）　ニュージーランドの売春改革法二〇〇三（ＰＲＡ）

ＰＲＡ制定の経緯

ニュージーランドは、二〇〇三年にＰＲＡ（売春改革法　The Prostitution Reform Act）が成立するまでは、売春は一九六一年犯罪法（The Crimes Act）と一九七八年マッサージ店法（The Massage Parlours Act）において違法（犯罪）とされてきた。犯罪法は、一四七条において売春宿の管理を禁じ、一四八条では売春で生計を立てることを禁じ、さらに一四九条は売春の斡旋と未成年者（一八歳未満）売春も禁じていた。また、二〇〇〇年には、犯罪法は、セックス・ワーカー及び売春事業者の両方を犯罪とするよう改正された。

一九七八年公布のマッサージ店法は、事実上屋内における商業的売春を黙認していた。また、同法は、売春を「エスコート（escorts）」、売春宿は「マッサージ店（Massage Parlours）」と称し、マッサージ店従業員は、店の経営者を通して警察に個人情報を登録することが義務付けられた。以上のように、売春に関して、当時のニュージーランドは日本と同様に「禁止主義」（「禁止主義」は、売買春を、社会秩序をみだす行為と考え犯罪として取り締まり、将来的には根絶させる方向。しかし、実際は売買春を「必要悪」とみなし、黙認する場合もある。「廃止主義」は、売買春を、性的人格権を侵害する行為とみなし、将来的に売買春のない社会を目指すものであるが、その過程においては、一部の行為を犯罪とみなす場合もある。「新廃止主義」は、売春は女性差別であるとして、国家権力を行使し売春の廃止を目指すのではなく、フェミニズムのイニシアティブの下で、売春は非犯罪化し、買春や場所を提供した者を犯罪とし、将来的には売買春をなくそうとする考え方）に立っていたが、限定的に売春を黙認し、形式的には違法行為（犯罪）とみなしていた。

しかし、一九七〇年代以降、女性の人権運動が活発化するとともに、売春規制の矛盾（違法でありながら、特定の場では黙認）やセックス・ワーカーが置かれている劣悪な労働環境（ギャングによる支配、暴力、劣悪な衛生状態）が社会的関心を呼んだ。その運動の中心となったのがNZPC（New Zealand Prostitutes Collective｜Aotearoa New Zealand Sex Worker's Collective　ニュージーランド・セックス・ワーカー協会）であった（西島太一2007a、一三九〜一七六ページ）。

NZPCは、一九八七年に活動を開始。当時の労働党政権よりAIDS・HIV対策の一環として基金を付託されたことで、売春に関わる労働環境・衛生環境の向上に寄与する法的整備の検討に入り、同時に売春の「非犯罪化（decriminalize）」を目指していった。一九九七年には、首都ウエリントンで開催された女性フォーラム（Women's Forum）をきっかけに、NZPC、YMCA、NC

資料 終―1 PRAの目的

第3条【目的】この法律は、売春を非犯罪化し(但し、売春及びその効用を推奨し、倫理的な意味で是認する訳ではない)、以下の枠組みを創設することを目的とする。

(a) セックス・ワーカーの人権の擁護及び搾取の防止
(b) セックス・ワーカーの福祉及び職業上の衛生・安全の促進
(c) 公衆衛生への寄与
(d) 18歳未満の者を売春に使用することの禁止
(e) 他の関連諸改革の実施

出典:西島太一「ニュージーランド2003年売春改正法及び同施行令」p229より引用

W(National Council of Women)、NZAF(New Zealand AIDS Foundation)が母体となり売春法改正案作成がスタートした。

労働党のティム・バーネット(Tim Barnett)議員により、二〇〇〇年九月、NZPC等により立案された売春改正法案(PRB: Prostitution Reform Bill)をもとに議員立法として国会に提出された。約二年後の二〇〇三年六月二七日、PRAは、賛成票が反対票を一票上回る僅差(賛成六〇、反対五九、棄権一)で可決・成立した。同法は、その三条に目的を掲げている(資料 終―1)。

ニュージーランドは、売買春においてしばしば「ニュージーランド・モデル」と呼ばれるが、同モデルは売春を合法化(legalization)したわけではない。一般的に、合法化モデルでは、売春宿やセックス・ワーカーの認可制度が採用され、国や自治体が管理・監督する。あくまでもニュージーランドは、売春を他の職業と同一と位置づけ、セックス・ワーカーを「労働者」としてその権利を最大限保障し

資料 終—2　ニュージーランドの新聞での売春広告

出典：*New Zealand Herald*, 2016 年 11 月 15 日付

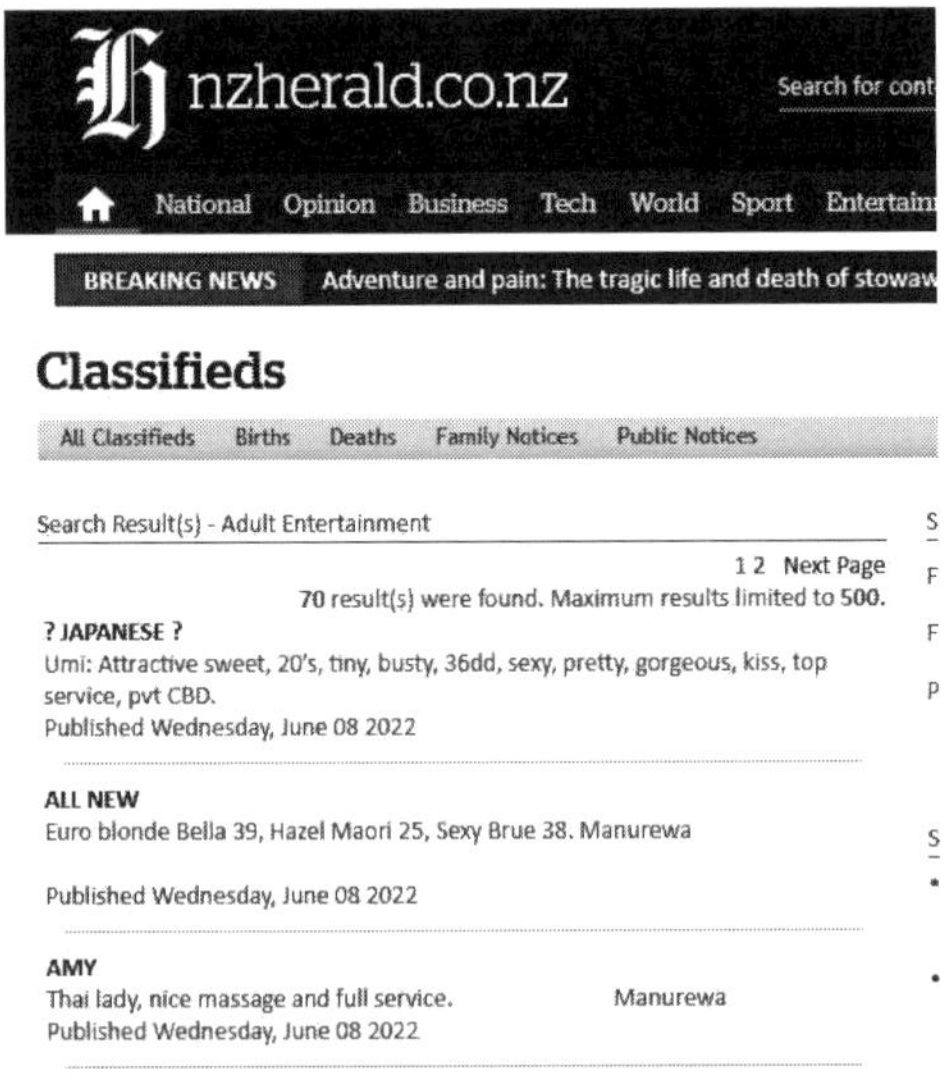

出典：*New Zealand Herald*, 電子版、2022 年 6 月 8 日付

た（第三条）、と理解される。

また、売春が非犯罪化（decriminalization）され一般の職業と同一であるとされ、セックス・ワーカー、売春管理者、顧客の三者全てが犯罪として問われない仕組みである。加えて、ニュージーランドでは、一般新聞（オンラインも可）で「売春広告」を見ることができる（資料 終—2）。新聞へ

資料 終―3　PRAの広告制限

> 第11条【営利を目的とする性的サービス（commercial sexual services）に係る広告の制限】第1項：営利を目的とする性的サービスの広告は、次に掲げる方法によって行ってはならない。
>
> (a) ラジオまたはテレビでの放送
> (b) 新聞または雑誌への掲載、但し、新聞または雑誌の案内広告欄（classified advertisements section）を除く
> (c) 公開映画での上映

出典：西島太一「ニュージーランド2003年売春改正法及び同施行令」p234～235より引用

の売春広告掲載の根拠は、第一一条第一項（b）の規定による（資料 終―3）。

二〇一六年、筆者が調査でニュージーランドに訪問した際、多くのニュージーランド人と話す機会があり、売春広告が一般新聞に掲載されている実情を問うた。偶然全ての方が女性であったが、皆一様に、「セックス・ワーカーの仕事が、ごく普通の職業として認知されていることの証《あかし》でしょう。ただ、広告を見て積極的に通いたいとか、家族に通って欲しいとは思わない」と語っていた。また、広告を見ると、年齢、スリーサイズ、サービス内容を記載しており、子どもたちも日常的に見ることができる「一般紙の広告欄」に掲載すべきなのかどうかは議論すべきである。

同様の仕組みを持つ国は、オランダ（二〇〇〇年）、ドイツ（二〇〇一年）等で、近年増えつつある。売買春の非犯罪化においては、最近では「ニュージーランド・モデル」と称され、セックス・ワークの非犯罪化の象徴とされている。

PRA制定には、当事者団体であるNZPCの活動が大きく貢献したが、同協会の詳細を知ることで、セックス・ワークの非犯罪化の目的と意義を考えてみたい。また、売買春と、貧困、性虐待、人身売買とが密接に関わっていることがよく知られているが、ニュージーランド・モデルが、これらの課題解決に寄与できたのかも考察したい。

PRA制定によりニュージーランドはどう変わったか

PRA制定に中心的役割を果たしたNZPC、およびそのスタッフがどのような意見を持っているのかは極めて重要である。インタビュー◆1を通して、ニュージーランドにおける性売買事情が大きく変容したことが語られた。以下、主要な点をまとめた。

第一に、性産業が一般の労働・産業と同様の法規制を受けることになったことで、セックス・ワーカーは、労働法制により労働者としての権利が保障され、セックス・ワークがより健康で安全に行われるようになった。

第二に、売春広告の緩和により、新聞・雑誌の案内広告欄に広報できることから、売買春が犯罪化されている国のように「マッサージ」、「エスコート」などと虚偽の情報で顧客を欺《あざむ》く必要がなく、セックス・ワーカー、店舗経営者、顧客間の信頼性が増し、より安全なセックス・ワークが可能となった。

第三に、NZPCは、セックス・ワーカーとして性産業で働いている人、またそれを志している人に、様々な情報を提供していることで、性産業での就労の適性の有無を判断できるようになった。長年セックス・ワークに従事する者への情報も豊富になった。適切な情報を得ることで、より安全で健康にセックス・ワークに従事できるようになった。

第四に、セックス・ワークに対する偏見も差別も払拭《ふっしょく》され話題にしやすい雰囲気もできてきた。セックス・ワークが非犯罪化されたことで、セックス・ワーカーは、警察に相談しやすくなった、などである。

NZPC関係者のインタビューを通して、PRAの目的がセックス・ワーカーの人権を擁護し福祉及び職業上の安全・衛生の促進にあり、またそれに寄与することであることは理解できた。

しかし、ここで以下の二点が大きな課題となると考えられる。

一点目、PRAは一八歳未満の者からの買春を禁じている。つまり、同法二二条で、一八歳未満の者から営利を目的に性的サービスを購入できないことから、顧客は犯罪となるが、一八歳未満で営利を目的に性的サービスを提供しても犯罪として起訴されない（二三条）としている。

二点目、PRAはその一九条において、「営利を目的とする性的サービス提供を意図する者」、「売春事業の管理者となることを意図する者」、「売春事業に投資することを意図する者」に対し一九八七年移民法上いかなる「在留許可」も与えないとしている。

ただ、セックス・ワーカーが、一八歳未満なのか不法移民なのか、顧客は知る由もないし、警察も実質的に内部通報が無い限り「立入検査」ができないことから（二四条）、年齢、不法移民かどうかも判断すらできないのが実態であろう。この点は、NZPC全国統括調整官キャサリン・ヘイリーが、「法改正前、警察が逮捕したり、あるいは様々な問題に巻き込まれたりするような事があったセックス・ワーカーは、警察がその情報を持っていた。しかし法改正後、政府がすべてのセックス・ワーカーの情報を何も持っていない。セックス・ワーカーは、職業の一つとして認識されており管理されるべきものでもない」と回答していることからも、実質的に児童買春や不法移民売春が増えている可能性は否定できない。ただ、摘発されない限りは、その実態は数の上でも摑《つか》めていないのが実態であろう。

一九八八年に設立されたCATW（Coalition Against Trafficking in Women　女性人身売買反対連合。人身売買に反対する世界初の国際非営利組織で、人身売買や売春に関し世界的な発信を行っている）は、二〇二一年六月に発表した“Germany New Zealand A Comparison in Prostitution Laws 2002-2017”において、「成人の売買春が常態化していることが、子どもの性的搾取に対する一般の認識にも影響を与えています。ドイツもニュージーランドでも、NGOやメディアは、子どもも『セックス・ワーカー』と呼び、子どもをレイプする男性を『お客』と呼ぶなど、被害を否定する言葉を頻繁に使っています。子どもたちは、完全に独立した部門で搾取されるのではなく、売春店や路上で成人といっしょに搾取されていることが多いのです。ニュージーランドでは、この法律の直接的な影響により、警察が身分証を確認したり、未成年者の存在をチェックすることが難しくなっていきます」（CATW2021、一二ページ）と報告しており、ニュージーランドが目指す「営利を目的とする性的サービスの非犯罪化」の中で、結果的に一八歳以下の者や移民が性的搾取・性暴力に遭っている事実を潜在化させているのではないだろうか。

アメリカ国務省『人身売買報告書二〇周年版』〔Department of State "Trafficking in Persons Report 20th Edition" June 2020〕では、米国政府は、人身売買の撤廃に関するTVPA〔Victims of Trafficking and Violence Protection Act of 2000 人身売買及び暴力被害者救済法〕の最低基準を満たしている国として最高ランクのTier1を、ニュージーランドに付与しているが、「法執行機関が伝えるところによると、合法的営利目的性産業において、ニュージーランド市民を含む人身売買被害者を積極的に選別する能力に法的制限があった。たとえば、警察は、潜在的性暴力被害の告発に関して、苦情なしには売春営業所を検査・査察できないとする法規制から、その点を営利目的性産業ときわめて密接な関係にある組織に依存している。しかし、ニュージーランド政府は、当該組織に、性的人身売買の定義や指標、その被害者へのサービス提供手順などスタッフへのトレーニングを提供すべきにもかかわらず、その点も告げていなかった」〔Department of State 2020、三七三ページ〕と問題も指摘。ニュージーランドを厳しく非難してもいる。

PRAの下では、性的人身売買被害者を救済できない可能性があることを露呈している。

(2) 北欧モデル

スウェーデンでは、一九九九年に性的サービス購入を禁止する法律[2]が施行され、性的サービスを購入する(または購入しようとする)者が犯罪となり、起訴された場合は最大六カ月の懲役か罰金刑に処される。性的サービスを販売する者は非犯罪化され、カウンセリングや社会サービスの対象者として保護の対象となった。

スウェーデンの性的サービス購入禁止法は、ニュージーランドの売春改正法のように、セックス・ワーカー、売春管理者、顧客の三者全てが非犯罪化されたものではないことから、北欧モデル(Nordic model)と称され、多くの国で導入の動きがある。

例えば、二〇〇九年にはノルウェーとアイスランドで、二〇一四年にはカナダ、二〇一五年には北アイルランド、二〇一六年にはフランス、二〇一七年にはアイルランド共和国、二〇一八年にはイスラエルにおいても、スウェーデンと同様の法が成立している。

スウェーデンでは一八世紀以前、売春に言及した法律が存在しなかったことから、売春は法的には犯罪とは見なされなかった。しかし、スウェーデンはキリスト教国であり、教会の規範では「婚外性交渉は禁止」されていた。

売春を明確に禁じる最初の法律は、一七三四年の市民法典(The Civil Code of Sweden)で、売春宿（brothel）での売春は犯罪とされ、鞭打ち、懲役、強制労働の刑に処された。一八一二年には、性病の疑いのある者の強制的健康診断と治療を許可する法律が制定され、実質的に売春婦と思しき女性が、その法の対象者となった。

一八三三年には、その頃の他のヨーロッパ諸国と同様に、地方自治体が売春を管理することとなった。スウェーデンでは、一九世紀を通して売春は西ヨーロッパの言説通り「必要悪（the necessary evil）」〔Kullberg A 1873〕とみなされていた。

スウェーデンでは、一九六〇年代からジェンダー平等に関する議論が活発化し、一九七六年には地位平等省（Ministry of Equal Status）が設置され、一九八〇年には機会均等オンブズマン（Equal Opportunities Ombudsman）制度が始まった。また、国家性犯罪委員会（The State Commission on Sexual Offences）が、一九七六年に『レイプに関するジェンダー勧告』（A Gendered Recommendation on Rape）を国に対して行い、それを受けて女性運動団体と女性国会議員を中心に、売買春に関する調査を国に求めた。

その調査の結果は、一九八一年に公表され、「売買春はジェンダー平等の問題ではない」〔SOU 1981、七一ページ〕と結論づけたことで、物議を呼んだ。また、調査では「売買春は減少しており、そのような状況下で犯罪化することは、売買春問題をかえって潜在化させ、売春者の汚名を悪化させるだけである」〔同前、七一ページ〕と結論づけている。

その後、一九八三年から一九九三年にかけて、売買春を扱った五〇を超える法案が提出され、審議されたが、その多くが買春の犯罪化（the criminalization of purchase）を求めていた。また一九九三年には、機会均等オンブズマンの元オンブズマンのインガブリット・トーネル（Inga-Britt Tornell）を委員長とする委員会が設置され、一九九五年には『性風俗産業――スウェーデン人における売買春調査報告』〔SOU1995a、一五ページ〕を提出している。

同報告書では、売買春の当事者（異性愛者、同性愛者も含む）の犯罪化を提案した。また、女性に対する暴力委員会（The Commission on Violence Against Women）は、家父長制の下で犠牲となった女性を、さらに犠牲にすることは避けるべき」〔SOU1995b、六〇ページ〕として、買春者のみの犯罪化を求めた。

政府は一九九八年二月五日に、両委員会の意見を参考に、売春条項で購入者の犯罪化と職場でのセクシュアル・ハラスメントとたたかうための措置を含む「対女性暴力法案（The Violence Women Bill）」をまとめた。同法案は、当時の首相ヨーラン・ペーション（Goran Persson）とジェンダー平等大臣ウルリカ・メッシング（Ulrika Messing）の両者によって後押しされ議会に提案された。

ストックホルム大学経済史学部教授イヴォンヌ・スヴァンストロムは、当時の議論の特徴を、「議論は、性別に強い影響を受けていた。例えば、男性は、売買春は社会的な課題ではあるが、犯罪ではないし、この法案は『自己決定に踏み込んでいる（intruded on self-determination）』と主張した。一方、女性は、『売買春は、ジェンダー平等を受け入れる社会秩序と両立しない（prostitution was incompatible with a social order embracing gender equity）』と主張した」

〔Svanstrom Y 2005　四八〜五八ページ〕と指摘している。

つまり、性的サービス購入者の犯罪化は、男性から不評で女性からは支持されたと見ることができる。本法案は、議会での投票において、社会民主党（Social Democrats）、左翼党（Left Party）、緑の党（Greens）が賛成し、穏健党（Moderate Party）と自由党（Liberal People's Party）は、売買春を地下に追いやり潜在化するとして反対した。また、キリスト教民主党（Christian Democrats）は、性売買両者の犯罪化を望むとして棄権した。

スウェーデン政府の公式な立場は、この法律が、スウェーデンが売買春とたたかう社会を志向していることの重要性を示したとしている。

「売買春は、個人と社会全体へ深刻な害を及ぼすと考えられている。性的目的での人身売買、暴行、麻薬調達・取引などの大規模犯罪も、一般的には売買春に関連している。（中略）売春当事者の大多数は、とても複雑な社会的困難を抱えている。法が導入された当時、それは性的サービスを購入する人の抑止力として機能し、購入者の減少が期待された。また、同法の施行で、街娼、売春に新規参入する人の減少にもつながると期待された。さらに、性的サービス購入を犯罪化することで、スウェーデンにおいて、海外の個人や集団がより組織的に売春を行うことを困難にすることに貢献できる可能性があることも期待された」〔Government of Sweden　二〇二二年六月二七日〕

また、同法が施行されたことでどのような効果があったのかは、『一九九九〜二〇〇八年の革命――性的サービス購入犯罪化報告書』〔SOU2010、四九ページ〕として、スウエーデン政府より二〇一〇年六月二日に発表された。
同調査報告の英文サマリーでは、スウェーデンでは、「売春の全体的な増加はない」(no overall increase in prostitution in Sweden)とし、詳細を以下のように記述している。

「近年、マッサージ・パーラー、セックス・クラブ、ホテル、レストラン、ナイトクラブでの売春が増加していると言われているが、雑誌やインターネットの広告に依存しない屋内売春の蔓延《まんえん》を示す証拠は何もない。また、以前は路上で搾取されていた売春婦が、現在、屋内売春に関与していることを示唆する情報もない。

性的サービス購入禁止法が導入されて以降、この分野で働く人々は売春が増加しているとは考えていない。売春活動に携わる人々は通常、顧客と接触するために自分自身を宣伝する必要があることから、この点を勘案しても、売春が大規模に存在し、完全に未知のままである可能性はほとんどないといえる。

我々が得た全体像では、過去一〇年間に近隣の北欧諸国で売春が増加している一方で、知りうる限りにおいては、少なくともスウェーデンでは売春は増加していないということである。これにはいくつかの説明が必要かもしれないが、北欧諸国間における主要な類似点を考えると、スウェーデンで性的サービスの購入が禁止されていなければ、売買春が増加したと考えるのが妥当であろう。したがって、性サービス購入の犯罪化は、売春との闘いに役立っているといえる」〔English summary of SOU2010　四九ページ〕

スウェーデン国家犯罪捜査局諜報機関監察官、および人身売買に関する国家報道官であるカイサ・ウォールバーグ（Kajsa Wahlberg: Detective Inspector at the Intelligence Service within the National Criminal Investigation Department in Sweden, and also National Rapporteur on trafficking in human beings）は、アメリカの日刊紙USA TODAYのインタビューに以下のように答えている。

「正確な統計を入手するのは困難だが、スウェーデンの売春婦数は、一九九八年の二五〇〇人から二〇〇三年には一五〇〇人に、約四〇パーセント減少したと推定できる。スウェーデン当局は、売買春に厳しい姿勢を見せていることから、売買春は儲《もう》からないビジネスとみなされている。売買春組織は、利益、コスト、マーケティング、そして捕まるリスクを計算している。われわれは、売買春では儲からない劣悪な市場を創造しているのだ」〔USA TODAY, 16 March 2008〕

一方で、ケンブリッジ大学地理学部教授ジェイ・レビーは、一九九九年にスウェーデンで性サービス購入禁止法が施行されて以降の二〇〇八年から二〇一二年にかけてセックス・ワーカーに行ったフィールドワーク（参与観察および質的インタビュー）をもとに、『性サービス購入犯罪化――スウェーデンからの教訓』を二〇一六年に出版している（邦訳なし）。その中で、レビーは、同法律の危険性を指摘している。

「性サービス購入犯罪化法とその政策により、スウェーデンでのセックス・ワークは、一部の人々、特に最も脆弱《ぜいじやく》なセックス・ワーカーや街娼にとってますます危険で困難な状態になってきている。売買春を減らすはずの同法により引き起こされ悪化した被害のすべて、つまりその失敗の教訓を、政策と議論に活かすべきである。要するに、同法は売買春を減らすという目的を達成できなかったばかりか、同法とそれを正当化する議論においても、セックス・ワーカーに重大な危害を及ぼした証拠がある。性サービス購入犯罪化を海外に広げるスウェーデンの努力は、『同法が成功しており、有害ではなかった』という根拠のない主張に基づいている。（中略）スウェーデンは、この急進的な法律制定当初よりその成功を主張し続けており、他の国々は、売春法やその関連政策を起草または提案する際に、間違いなくスウェーデンに目を向け続けるであろう。しかし、彼らはスウェーデンモデルの本当の教訓、つまり『失敗からの教訓』を学ぶことでこそ成功するであろう」〔Levy J. 2016　二三〇～二三一ページ〕

北欧モデルは、論者の立場の違いによって両極端に評価が分かれる。これは、営利を目的とする性的サービスを非犯罪化したニュージーランド・モデルにもいえることである。

ニュージーランド・モデルは、営利を目的とする性的サービスを「労働（性労働）」と考え、一般労働と同様に労働法制の対象として「性労働者の労働権を守る」との発想で構築されていることから、性的サービス販売者、購入者及び管理者を含めてすべてのセクターを非犯罪化している。当然、セックス・ワークは労働の一形態であり、その領域への参入・離脱は個人の問題（自由）であり、当事者団体による安全で衛生的な労働環境への支援があるとしても、公的に離脱に向けた財政支援等は存在しない。

一方、北欧モデルは、性的サービスを売る女性に財政的、医療的、教育的支援を行い、離脱を促進することを目的としていることから、性的サービスを売る女性のみを非犯罪化し、購入者、管理者は犯罪としている。北欧モデルでは、「性的サービスを売る行為」は、労働とはみなさず、性暴力と見なしているところに特徴がある。

また、性売買における思想の一翼を担う「性労働論」は、「誰と、どこで、いつセックスをするのか」は、個人の自由に委ねられているとする「性的自己決定権」を根拠としている。しかし、包括的性教育が実施されていない日本社会は、多くの者がＡＶやポルノグラフィティを教科書として性を学んでいるいびつな社会であり、性的自己決定権を行使できるだけの正確な情報と知識が不足する中で、社会的誘導に晒されている可能性は否定できない。

終章のおわりに

(1) 性労働において性的自己決定権は行使されているのか

性的自己決定権が、性労働の基底にあるとされているが、たとえば、同権利に関して、一九七八年に設立された性の世界健康学会(WAS=The World Association for Sexual Health)の「性の権利宣言」[◆3](Declaration of Sexual Rights)がしばしば引用される。

同宣言は一六項目に及び、性的自己決定権に関しては第三項目に「自律性と身体保全に関する権利(The right to autonomy and bodily integrity)」として規定され、「人は誰も、セクシュアリティと身体に関する事柄について自由に自己管理し、自己決定する権利を有する」と説明されている。

わが国では近年、性の自己決定権は、日本国憲法一三条「すべて国民は、個人として尊重される。生命、自由及び幸福追求に対する国民の権利については、公共の福祉に反しない限り、立法その他の国政の上で、最大の尊重を必要とする」の自由権の一つとして認識されている。

性的自己決定権を根拠に性労働に従事する人の動機を考えると、形式上、誰に強要されることもなく自らその業界に入り、性を売ることを承知の上で売春を行っている、つまり性行為に関し「自由に自己管理し、自己決定」しているように見える。しかし、中里見が指摘するように、実際には強制としての「経済的誘導・社会文化的誘導」が存在することから、性的自己決定権の行使とはいえないのではないかという問題が残っている。

また、百歩譲って、ある人が性的自己決定権を行使して性労働に従事したとしても、売春を商行為として売買契約が結ばれた時点で、買春者は、売春者が部分的であれ性的自己決定権を放棄したとして判断し、買春者は売春者の意向に反する行為に及ぶ可能性がある。つまり、買う側と売る側の「性的自己決定権」は、売買春の商行為においては買う側に有利に働き（多くは密室で行われる行為であるがゆえ）、結果的には女性の人権が蹂躙されることになるのではなかろうか。性労働を基本的に自由化し市場原理に委ねることで女性の人権が守られるのかは疑問である。

セクシュアリティ（生殖としての性、快楽としての性）は、その人固有のものであり、また人間の尊厳の基本要素、基本的人権の源泉であることから、「人格権」が付与されると考えるのが自然であり、そもそも売買の対象とはならない――この論点を深めるべきと筆者は考える。

現代社会は、ソーシャルメディアが発達し、見知らぬ人どうしが接点を持つことが容易であり、そのような中で、性暴力に晒される女性も多い。また、契約における十分な説明がないままAV出演を承諾させられるケースもたびたび報道され、表面化する被害は氷山の一角だといわれている。性売買において、人間の尊厳を考慮せず性的自己決定権のみをことさらに強調することは、性売買現場での自己責任を押し付け、性暴力・性被害を潜在化しかねない。

(2) 性的人格権の確立への視座

ジェンダー不平等社会での不合理、性売買の中で苦しむ人々が多いことは想像に難くない。ちなみに、世界経済フォーラム(WEF)が、二〇二二年七月一三日に発表したジェンダーギャップ指数(Gender Gap Index)において日本は、調査対象国一四六カ国中一一六位で、主要七カ国(G7)で最下位であった〔World Economic Forum 2022〕。また、WEFによる二〇〇六年の第一回の調査において日本は八〇位であったが、それと比べるとかなり順位を落としている。もちろん、特定の指標における順位が低いことだけを問題にすることには慎重でなければならないが、他の国がジェンダー不平等を解消するために相当の努力を払っていたにもかかわらず、逆に近年日本が順位を下げていることは、この問題に真剣に取り組まなかったことが要因と考えられる。

以上からも、明らかに日本は女性やマイノリティーを差別する社会であることが理解できる。筆者は、女性を蔑視する社会の形成は、女性への性暴力の解消にも積極的に関われなかったことが原因の一つと考える。

本書では、占領期の占領軍用「慰安」施設設置に関わる真実と当時の女性観を検討することで、現在の性売買・性暴力を考える根源的な思想において、「性的自己決定権」からの視点だけではなく、「性的人格権」を位置付けることの重要性を見いだした。

しかし、日本のように明らかに女性やマイノリティーの人権を軽く扱う社会において、性売買・性暴力を考える視座の中心に性的人格権を位置付けることは容易ではない。ややもすると、「性道徳」秩序の回復を狙うために論ずるのかと疑念を持たれる可能性もあるが、道徳の押し付けは、時の権力に都合のよい社会秩序を維持・回復するために、まさに国家権力が「国民の心に踏み込む」行為であり、日本国憲法一九条の「思想及び良心の自由」を損なう可能性が強い。

筆者は、性的人格権は、「思想及び良心の自由」と同様に、国家権力や私人による侵害から守られなければならない重要な「人権」の一つであると考える。性的人格権を基礎に性売買を考える場合を想定し以下に私見を述べる。

一点目、性売買は、将来なくす（廃止主義を踏襲する。処罰を基礎とした禁止主義ではない）ことを前提に、北欧モデルを参考に法改正を行う。売春を非犯罪とし、売春者（性別は問わない）が気軽にさまざまな相談ができる安全安心な相談体制を組織し、離脱へ向けての社会サービスを整える。もちろん売買春や風俗営業法等の性産業に関わる法改正の基本は、当事者のいないところで何も決めない、つまり性暴力に遭遇している人（性被害者）、性サービスを売ることで生計を立てている人が、参画する中で法改正に取り組む必要がある。

二点目、人権が尊重された教育を、初等教育から高等教育まで徹底する。人権は、国家権力により侵害されてはいけない重要な権利であることを常に理解できるようにする。その基本は、教育の自由が保障される教育課程の確立であり、初等教育から高等教育までの無償化を早期に実現する。

義務教育課程で使用される教科書への国家権力による不当な介入を許さない。教職員が現場で最大限の裁量権を発揮できるようにする。

　三点目、学習指導要領における「はどめ規定」を撤廃し、道徳主義的「性教育」から決別し包括的性教育を学ぶ機会を確保する。浅井春夫によれば、包括的性教育のポイントは、「①乳幼児期から思春期、青年期、さらには成人期、高齢期まで、人生におけるさまざまな課題に向き合っているすべての人にとって学ぶ意義があること、②性的発達と人生の歩みにおけるあらゆる局面に、賢明な選択と対応ができる、自らと他者の尊厳を大切にできる知識・態度・スキルをはぐくむこと、③人間関係においてさまざまな共生能力を獲得し、喜びを共有できる能力を獲得していく」〔浅井2020、三〜四ページ〕であるとしている。

　もちろん、包括的性教育の実践は、二点目の人権が尊重される教育とセットでなければならない。特に義務教育現場への国家権力の介入が、教育の自由を奪っている実態があり、その克服なしには厳しいといわざるを得ない。また、包括的性教育は、乳幼児期から高齢期までの人生の全てのステージにおける学習機会の確保が必要であることから、学校教育現場だけではなくあらゆるセクターにおける運動・実践の必要性も重視されなければならないであろう。

　以上、私見を述べたが、不十分であることは著者自身が承知しているので、国民的議論を活発化するための素材提供であると理解してほしい。

注

◆1　二〇一六年一〇月二一日（午前一〇時～午後一二時半）、ＮＺＰＣ本部（204 Wills St, Te Aro, Wellington 6011, New Zealand）において著者がインタビューを行った。

◆2　スウェーデンにおける売買春における購入者の犯罪化は、一九九八年六月四日に可決成立（施行一九九九年一月一日）した対女性暴力法（The Violence Women Law）の中に規定された。その後、二〇〇五年四月一日より刑法第六章一一の「性犯罪」に移管され現在に至る。

◆3　世界健康学会の「性の権利宣言」初版は、一九九七年に開催された第一三回総会において発表され、一九九九年の第一四回総会にて採択され、二〇一四年に改訂された。

引用文献

・浅井春夫２０２０『包括的性教育――人権、性の多様性、ジェンダー平等を柱に』大月書店、二〇二〇年。

・CATW. 2021 (Coalition Against Trafficking in Women), "Germany New Zealand A Comparison in Prostitution Laws 2002-2017" June 2021.

・Department of State. 2020, "Trafficking in Persons Report 20th Edition" June 2020.

・English summary of SOU. 2010, The report Prohibition of the purchase of sexual services. An evaluation 1999-2008, 2 June 2010.

- Government of Sweden. 2015, Legislation on the purchase of sexual services, published 8 March 2011 Updated 25 August 2015, https://www.government.se/search/?query=+Legislation+on+the+purchase+of+sexual+servises　最終閲覧日二〇二二年六月二七日。
- Kullberg, A. 1873, "Om prostitutionen och de verksammaste medlen till de veneriska sjukdomarnes hammande, med sarskildt afseende fastadt pa forhallandena i Stockholm" (On prostitution and the most efficient ways of fighting venereal diseases, with special concern to the situation in Stockholm), Svenska Lakaresallskapets Nya Handlingar, 1873 (2), V.1.
- Levy, J. 2016, "Criminalising the Purchase of Sex: Lessons from Sweden" Routledge Taylor & Francis Group, 3 March 2016.
- 中里見博２００７「ポスト・ジェンダー期の女性の性売買」『社会科学研究』五八巻二号、東京大学社会科学研究所、二〇〇七年。
- 西島太一２００７a「ニュージーランドの２００３年売春改革法について」、『オーストラリア研究紀要』第三三号、追手門大学。
- 西島太一２００７b翻訳「ニュージーランド２００３年売春改正法及び同施行令」『オーストラリア研究紀要』第三三号、追手門大学。
- NZPC | Aotearoa New Zealand Sex Worker's Collective, https://www.nzpc.org.nz/Home　最終閲覧日二〇二二年六月五日。
- 労働省婦人少年局１９５２『婦人関係資料シリーズ　一般資料第一七号　売春に関する資料　売

春関係年表と文献目録』労働省、一九五二年一〇月。

- SOU: Statens offentliga utredningar（ＳＯＵ　政府公式調査）. 1981, Prostitutionen i Sverige（Prostitution in Sweden：スウェーデンの売春）1981.
- SOU. 1995a, Konshandeln: Betankande av 1993 ara prostitutionsutredning" [Sex Trade: Report of the 1993 Prostitution Investigation in Swedish]. Ministry of Health and Social Affairs. 1 March 1995.
- SOU. 1995b, Kvinnofrid: Slutbetankande av Kvinnovaldskommissionen" [Peace for Women: Final Report of the Commission on Violence Against Women in Swedish]. Ministry of Health and Social Affairs, 1 June 1995.
- SOU. 2010, The report Prohibition of the purchase of sexual services. An evaluation 1999–2008, 2 June 2010.
- Svanstrom, Y. 2005, "Through the Prism of Prostitution: Conceptions of Women and Sexuality in Sweden at Two Fins-de-Siecle", Nordic Journal of Women's Studies, 2005 (13).
- USA TODAY, 16 March 2008. "Sweden prostitution law attracts world interest".
- World Economic Forum. 2022, "Global Gender Gap Report 2022" July 2022.

初出一覧

序章　書き下ろし

1章「敗戦期の性暴力　その1」、『コミュニティ福祉研究所紀要』第九号、立教大学コミュニティ福祉研究所、二〇二一年一一月。

2章「占領期の性暴力　その2（改題）」、『コミュニティ福祉学部紀要』第二四号、立教大学コミュニティ福祉学部、二〇二二年三月。

3章「占領期の性暴力　その3」、『コミュニティ福祉研究所紀要』第一〇号、立教大学コミュニティ福祉研究所、二〇二二年一一月。

4章「占領期の性暴力　その4」、『まなびあい』第一五号、立教大学コミュニティ福祉学会、二〇二二年一一月。

5章　書き下ろし。

6章　書き下ろし。

終章「生命の尊厳と人権を問う」、『響き合う街で』No.一〇一、通巻一三八号、やどかり出版、二〇二二年五月、及び「国家権力の下で蹂躙された人々、特に女性への性暴力と人権を考える」、『響き合う街で』No.一〇二、通巻一三九号、やどかり出版、二〇二二年八月を基に大幅に加筆修正。

芝田 英昭（しばた　ひであき）
立教大学コミュニティ福祉学部教授（社会保障論）。1958年福井県出身。金沢大学大学院博士後期課程単位取得退学。博士（社会学：立命館大学）。福井県職員、西日本短大専任講師、大阪千代田短大専任講師、立命館大学産業社会学部教授を経て現職。自治体問題研究所顧問。水彩画家、社会運動家。
主な著書は以下の通り。
『社会保障のあゆみと協同』（2022年、自治体研究社）
『くらしと社会保障』（2021年、日本医療福祉生活協同組合連合会）
『医療保険「一部負担」の根拠を追う』（2019年、自治体研究社）
『新版　基礎から学ぶ社会保障』（共編、2019年、自治体研究社）
『高齢期社会保障改革を読み解く』（共著、2017年、自治体研究社）
『日本国憲法の大義』（共著、2015年、農文協）
『介護保険白書』（共著、2015年、本の泉社）
『安倍政権の医療・介護戦略を問う』（編著、2014年、あけび書房）
『3.11を刻む』（共著、2013年、文理閣）
『国民を切り捨てる「社会保障と税の一体改革」の本音』（2012年、自治体研究社）
『国保はどこへ向かうのか』（編著、2010年、新日本出版社）

占領期《せんりょうき》の性暴力《せいぼうりょく》——戦時《せんじ》と平時《へいじ》の連続性《れんぞくせい》から問《と》う

2022年12月5日　初　版

著　者　芝　田　英　昭
発行者　角　田　真　己

郵便番号　151-0051　東京都渋谷区千駄ヶ谷4-25-6
発行所　株式会社　新日本出版社
電話　03（3423）8402（営業）
03（3423）9323（編集）
info@shinnihon-net.co.jp
www.shinnihon-net.co.jp
振替番号　00130-0-13681

印刷　亨有堂印刷所　　製本　小泉製本

ISBN978-4-406-06693-8 C0036　Printed in Japan